JN389911

책이 예쁘다고 너무 곱게 다루진 마세요.
마르고 닳도록 써 보고 말해 보세요.

영어연산 훈련

SENTENCE BUILDING

영어연산훈련 2

저자 박광희 · 캐나다 교사 영낭훈 연구팀 지음
초판 1쇄 발행 2015년 4월 30일 **초판 2쇄 발행** 2017년 2월 16일

발행인 박효상 **총괄 이사** 이종선 **편집장** 김현 **기획 · 편집** 박혜민 **디자인책임** 손정수
디자인 · 조판 the PAGE 박성미 **삽화** 이소라
마케팅 이태호, 이전희 **디지털콘텐츠** 이지호 **관리** 김태옥

종이 월드페이퍼 **인쇄 · 제본** 현문자현

출판등록 제10-1835호 **발행처** 사람in **주소** 121-839 서울시 마포구 양화로 11길 14-10 (서교동 378-16) 4F
전화 02) 338-3555(代) **팩스** 02) 338-3545 **E-mail** saramin@netsgo.com
Homepage www.saramin.com

책값은 뒤표지에 있습니다.
파본은 바꾸어 드립니다.

ⓒ 박광희 2015

ISBN
978-89-6049-453-4 14740
978-89-6049-451-0 (set)

사람이 중심이 되는 세상, 세상과 소통하는 책 사람in

영어연산 훈련

SENTENCE BUILDING

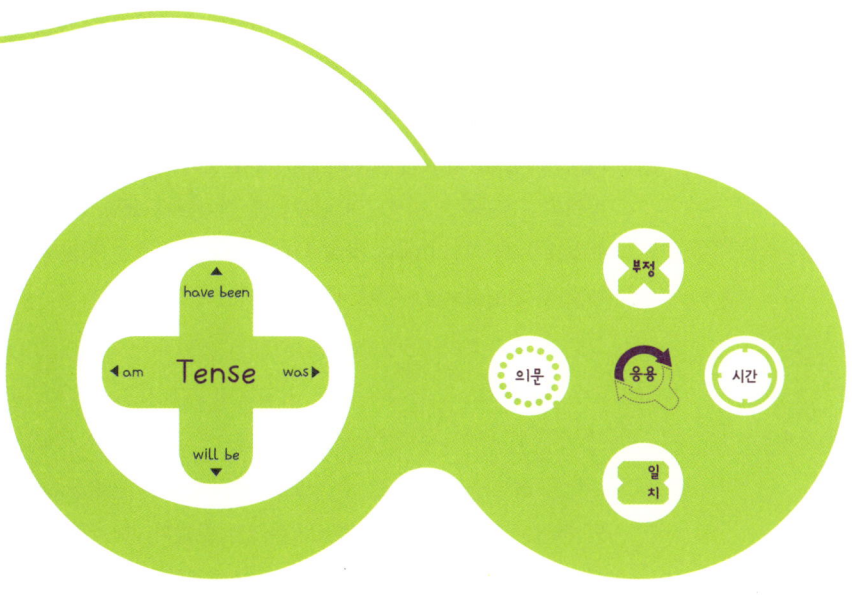

2. 시제 완전 정복

영어에도
5칙 연산 훈련이
필요하다!

수학에는 연산 훈련이 있다!

왜 미국과 캐나다 사람들은 간단한 암산을 할 때도 계산기를 쓸까요? 머리가 나빠서 계산기 없이는 셈을 못하는 것일까요? 그 이유는 바로, 북미에서는 수학 연산 훈련을 가르치지 않기 때문입니다. 결코 거기 사람들이 머리가 나쁘거나 계산 능력이 떨어져서가 아니에요. 그래서 우리는 암산 능력을 키워 주신 선생님과 부모님께 감사해야 해요. **꾸준히 수학 연산 훈련을 시켜 주신 덕분에 북미 사람들보다 더 빠르고 정확하게 계산할 줄 알게 된 것이니까요.**

영어에도 연산 훈련이 필요하다!

수학은 빠르게 암산을 할 수 있도록 꾸준히 연산 훈련을 해왔어요. 하지만 영어는 문법과 단어를 외워서 문제만 풀었지 암산처럼 입에서 자동으로 나오게 하는 훈련을 안 했어요. **문법이 머리에서 맴돌고 금방 입으로 나오지 않는 건 능력이 없어서가 아니라 훈련이 부족했기 때문이에요.**

이것은 실험으로도 증명돼요. 'Bobrow & Bower'는 한 집단에게는 이미 만들어진 문장을 외우게 했고, 다른 한 집단에게는 주어와 목적어를 주고 문장을 스스로 만들도록 했어요. 그 결과 주어진 문장을 암기한 집단은 29%가 문장을 다시 생각해 낸 반면, 주어와 목적어를 가지고 직접 문장을 만든 집단은 58%가 다시 그 문장을 기억해 냈어요. 외운 것은 금방 까먹지만 **스스로 만든 것은 훨씬 기억에 오래 남는다는** 거지요.

영어 5칙 연산

캐나다에 7년째 살면서도 영어를 두려워하던 제 아내 이야기를 해볼게요. 한국에서 영어를 공부한 누구나가 그러하듯 아내 역시 영어가 머리에 둥둥 떠다니고 입으로 나오는 데는 한참이 걸렸어요. 말하는 사람도 답답하고 듣는 사람도 지치고……. 자신감도 점점 잃었지요. 그래서 저는 **문법의 문장 적용 능력을 키우기 위한 다섯 가지 규칙**을 생각해 냈어요.

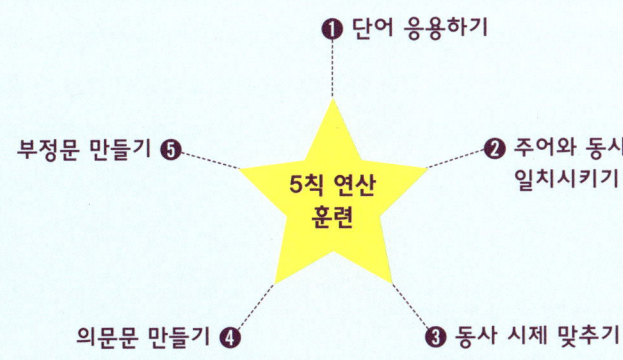

수학의 기본 요소인 × ÷ + − 사칙을 이용한 연산 훈련처럼 **영어 문법의 기본 요소인 다섯 가지 규칙을 찾아낸 거죠. 이 다섯 가지 규칙을 활용해 꾸준히 영어 연산 훈련을 하면 암산하는 것처럼 빠르게 문장으로 말할 수 있어요.** 그렇게 문장을 만들 줄 안다면 언제든 그 문장은 입으로 '툭'하고 나올 거예요.

누구에게나 효과 만점인 '영어 연산'

어학원을 운영하면서 저는 '영어 연산 훈련'의 효과를 더욱 믿게 되었어요. 제가 영어를 사용할 기회가 없는 한국인들에게 권하는 게 낭독과 암송이에요. 영어 문장을 내 몸에 체화시켜 스피킹이 폭발적으로 터지게 하는 학습법이지요. 영어를 사용할 기회가 없는 한국적 상황에 참 좋은 방법이에요.

그런데 기초가 없는 학생들에게는 이게 쉽지 않았어요. 문장을 통해 자연스럽게 어순을 익혀 응용하기까지 생각보다 많은 시간이 걸리는 것이었어요. 그래서 저는 앞서 말한 다섯 가지 규칙으로 조금씩 문법 훈련을 시켜 보았고 결과는 성공! 낭독과 암송을 문법이 받쳐 주니 말문이 터지기 시작하더라고요.

영어 연산 = 문법 다이어트

사람들은 문법을 획일적인 것으로 보는 경향이 있어요. 사실 '독해를 위한 문법'과 '말하기·쓰기를 위한 문법'은 학습 방법이 달라야 한다고 생각해요. 독해란 글로 쓰인 문장들을 해석하는 것이고 말하기는 대화를 위해 즉시 문장을 만드는 작업이니까요. 우리가 독해를 통해 배우는 문장들은 대부분 길고, 또 외국인을 위한 한국어 책처럼 어색한 것들도 많아요. 실생활에서 말하거나 쓸 때 그다지 사용하지 않는 문법 규칙들이 수두룩하죠. 따라서 '영어 연산 훈련'의 효과를 높이려면 말하기에 꼭 필요하고 자주 쓰이는 문법 규칙들을 선별하여 학습해야 해요.

영어 말문이 터지는 교재 『영어 연산 훈련』

그런데 이런 '영어 연산 훈련'의 조건에 맞는 교재를 찾기가 힘들었어요. 그래서 캐나다의 현직 교사들과 팀을 이루어 총 7권의 시리즈로 목차와 구성을 짜고 기획 의도에 알맞은 영어 문장들을 선별하는 작업을 했어요. 말하기에 유용한 문법을 꾸준히 익혀 실생활에서 직관적 문장으로 말할 수 있게 한 혁신적인 영어 학습 과정, 『영어 연산 훈련』은 그렇게 탄생했어요.

Just Do It!

영어 학습에 있어서 최고의 지혜이자 학습법은 Just Do It!이에요. 문법을 머릿속 기억에 그치지 않고 입으로 나오도록 훈련하는 것만이 유창한 영어에 이르는 힘들지만 확실한 길이에요. 부디 독자 여러분의 꿈이 이루어지기를 기원합니다!

캐나다에서 '꿈둥이' 박광희

이 책의 순서

unit 01	001-016	be동사의 과거	pp.19-37
unit 02	017-032	일반동사의 과거: 규칙형	pp.39-57
unit 03	033-048	일반동사의 과거: 불규칙형	pp.59-77
unit 04	049-061	미래 will	pp.79-94
unit 05	062-076	미래 be going to	pp.95-112
unit 06	077-092	현재진행형	pp.113-131
unit 07	093-100	과거진행형	pp.133-142
unit 08	101-114	현재완료형	pp.143-159
unit 09	115-120	현재완료진행형	pp.161-168

이 책의 활용

이 책에는 영어 연산 훈련에 적합한 문법을 담은 120개의 대표 문장이 실려 있습니다. 캐나다 현지 교사들이 초보 학습자가 문법 개념을 잘 이해할 수 있도록 고안한 문장들입니다. 이 120문장을 영어 연산 5칙에 따라 나만의 문장으로 만드는 연습을 해 보세요. 영어 연산 5칙에 따라 스스로 문장을 만드는 과정을 통해 자연스럽게 문법이 체화됩니다.

문법을 빠르게 연산하여 바로 바로 말하는 것을 목표로 훈련을 시작해 보세요!

입으로 확인하는 영어 연산
그림을 보고 그동안 배운 대표 문장을 입으로 만들어 봅니다.
말하기 전에 문법을 머리로 생각하는 과정을 생략할 수 있을 때까지 영어 연산을 연습하세요. 꾸준한 영어 연산으로 문법이 문장으로 한방에 나올 수 있어야 비로소 훈련을 마칠 수 있습니다.

정답 및 MP3 파일은
www.saramin.com에서
다운로드 받으실 수 있습니다.

손으로 체화하는 문법 훈련
앞에서 배운 문법을 활용해 문장을 만들어 봅니다.
먼저, 손으로 쓰면서 문장을 완성하세요. 영어 5칙 연산 훈련에 따라 스스로 문장을 만드는 꾸준한 연습이 문법을 체화시켜 줍니다.
그 다음에, 각 문장을 5번씩 낭독하기(음원을 따라 읽기)와 암송하기(외워 말하기)를 하며 입으로도 훈련해 봅니다. 실전 말하기에서 바로 바로 연산할 수 있도록 충분히 훈련하세요.

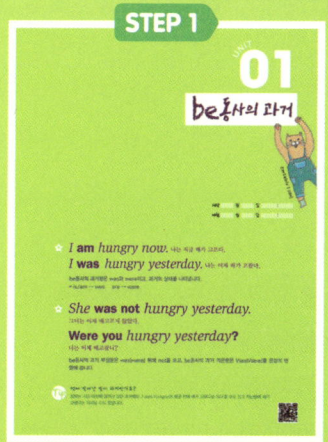

눈으로 암기하는 문법 개념
영어 연산 훈련을 하기 위해 필요한 문법 개념을 알아봅니다.
문법은 단어를 어떻게 배열할 지에 대한 가이드로 문장의 의미는 단어 배열에 따라 달라집니다. 예문을 여러 번 따라 읽으며 정확한 단어의 순서를 익히세요.

영어!
공부법이 알고 싶다.

① 영어는 공부가 아닌 훈련을 해야 한다.

지식에는 두 가지 종류가 있습니다. 배움을 통해 얻어지는 **명시적 지식**과 익힘을 통해 알게 되는 **암묵적 지식**이 있습니다. 명시적 지식은 수학이나 과학 같이 사실을 암기하거나 논리적 추론으로 이해하는 지식으로 머리를 사용해 배웁니다. 한편, 암묵적 지식은 운동이나 악기처럼 반복적인 훈련을 통해 몸으로 체득하는 지식입니다.

그럼 영어는 명시적 지식에 속할까요? 암묵적 지식에 속할까요?

그동안 우리는 문법과 단어를 외우고 또 외우면서 영어를 암기했습니다. 하지만 놀랍게도 뇌 과학자들은 영어가 암묵적 지식이라고 말합니다. 뇌 영상 연구를 보면 암묵적 지식과 명시적 지식은 뇌의 다른 부분을 사용한다고 합니다. 수학을 공부할 때는 뇌의 다양한 부위를 사용하여 논리적인 추론을 하지만, 언어를 사용할 때의 뇌는 특정 부위만을 사용하는 것입니다.

② '영어 낭독 훈련'과 '영어 암송 훈련'이 답이다.

우리가 문법을 아무리 완벽하게 암기하고 단어를 많이 알아도, 영어를 틀린 방법으로 공부했기 때문에 지금까지 영어로 말하기 힘들었던 것입니다.

아기들이 한국어를 배우는 과정을 살펴볼까요? 옹알이로 시작해 돌 무렵이면 주위 사람들이 하는 말을 듣고 계속 따라 하다가 말문이 트이면 자유자재로 말하게 됩니다. 여기서 중요한 건 듣고 또 듣고 따라 한다는 거죠.

영어도 이처럼 자연스럽게 체화하면 제일 좋겠지만 그러기에 불가능한 환경입니다. 그래서 영어 노출이 거의 없는 한국의 상황에서 **'영어 낭독 훈련'과 '영어 암송 훈련'은 영어를 자유자재로 구사할 수 있게 해주는 비법**입니다. 녹음된 외국인의 음성을 듣고 따라 말하는 훈련을 통해 발음과 억양, 리듬감을 정확하게 익히게 됩니다. 영어 문장이 내 몸처럼 익숙해질 때까지 입으로 암송하면 우리가 국어 문법을 배우지 않아도 문법에 맞는 한국어를 할 수 있는 것처럼 영어도 말할 수 있게 됩니다.

'영어 낭독 훈련'과 '영어 암송 훈련'에 '영어 연산'을 더하라.

'영어 낭독 훈련'과 '영어 암송 훈련'도 단점이 있습니다. 기본기가 없거나 언어 감각이 부족한 학생들은 내 몸이 기억해서 어느 순간 폭발적으로 스피킹이 터지기까지 너무 많은 시간이 걸립니다.

그때 문법이라는 가이드가 영어를 좀 더 쉽게 체화할 수 있도록 도와줄 수 있습니다. 문법을 알고 암송을 하면 문장을 받아들이는 속도가 빨라집니다. 수영법을 모르고 물에 들어가면 허우적대지만, 수영법을 배우고 물에 들어가면 빨리 뜰 수 있습니다. 이론을 배우면 실전에서 능률이 오르기 마련이지요.

하지만 시중의 영어 문법서들은 대부분 독해와 시험을 위한 문법서입니다. 문법 설명을 외우는 것은 의사소통을 위한 언어 훈련법으로 맞지 않습니다. 그래서 우리는 『**영어 연산 훈련**』이라는 **훈련용 문법서**를 개발했습니다. '수학 4칙 연산 훈련'이 셈을 빠르게 해주는 것처럼 『영어 연산 훈련』은 문법을 직관적으로 문장에 적용하고 곧바로 말로 나오게 훈련시켜 줍니다.

일치, 시간, 의문, 부정, 응용의 '영어 5칙'은 모든 영어 문장에 들어있는 기본 뼈대입니다. 다섯 가지 법칙을 적용하여 쓰고 말하는 훈련을 꾸준히 한다면, 몸이 문법을 기억하는 동시에 문법 응용 능력이 생겨 스스로 문장을 만들 수 있게 될 것입니다.

『영어 연산 훈련』으로 '머릿속에 머무는 문법'이 문장이 되어 입으로 나오게 해보세요.

영어 연산 훈련을
하기 전에 ...

단어를 성격에 따라 구분해 봅시다.

- 움직임(動)이나 상태를 나타내는 말(詞)이에요.
- 문장의 핵심이에요.
- 인칭, 수, 시제를 나타내요.
  I **am** Judy Kim. 나는 주디 킴이다.
  → 1인칭, 단수, 현재 시제
- 뒤에 무엇이 올지 결정해요.
  He **kept** me waiting. 그가 나를 기다리게 했다.
  → 타동사로 목적어 필요

- 이름(名)을 나타내는 말(詞)이에요.
- 셀 수 있는 명사와 셀 수 없는 명사로 나눌 수 있어요.
  ① 셀 수 있는 명사
    · 두루 쓰이는 일반적인 것의 이름 car, socks, shoes
    · 모임·집단의 이름 family, class, police
  ② 셀 수 없는 명사
    · 특정한 사람이나 사물의 이름 Sumi, the Han River
    · 정해진 모양이 없는 것의 이름 sugar, salt, juice
    · 눈에 보이지 않는 추상적인 것의 이름 love, friendship

- 명사(名)를 대신(代)하는 말(詞)이에요.
  Sumi is my friend. **She** is smart. 수미는 내 친구다. 그녀는 똑똑하다.
  =

4 형용사

- 모양(形)이나 모습(容)을 나타내는 말(詞)이에요.
- 명사를 꾸미거나 술어에 의미를 더해요.

She has a **red** car. 그녀는 빨간 자동차가 있다.
I am **happy**. 나는 행복하다.

- 옆에서 도와(副)주는 말(詞)이에요.
- 동사, 형용사, 다른 부사, 문장 전체를 꾸며요.

I am **very** happy. 나는 정말 행복하다.

- 앞(前)에 두는(置) 말(詞)이에요.
- 명사나 대명사 앞에서 방향, 시간, 장소, 상태를 나타내요.

A bird is **on** my arm. 새가 내 팔 위에 있다.

- 서로 맞대어 이어주는(接續) 말(詞)이에요.
- 단어와 단어, 문장과 문장을 연결해요.

Kevin **and** I are friends. 케빈과 나는 친구이다.

문장을 구성하는 요소를 알아봅시다.

주어	문장의 주체가 되는 말로 문장 필수 요소	→ 명사, 대명사
술어	주어에 대해 서술하는 말로 문장 필수 요소	→ 동사
목적어	술어의 목적이 되는 말	→ 명사, 대명사 등
보어	동사를 보충하는 말	→ 명사, 대명사, 형용사 등
수식어	주어, 동사, 목적어, 보어를 꾸며 주는 말	→ 형용사나 부사에 속하는 말

He can play the piano very well. 그는 피아노를 매우 잘 칠 수 있다.
▼   ▼   ▼   ▼
주어 술어 목적어 수식어

이 책의 학습 진도표

📖 **표준 학습 진도표** 하루에 한 과씩 학습하고 리뷰로 복습하세요.

날짜	월 일	월 일	월 일	월 일	월 일	월 일
진도	**Unit 01** 001~008 be동사의 과거	**Unit 01** 009~016 be동사의 과거	**Review** 001~016	**Unit 02** 017~024 일반동사의 과거: 규칙형	**Unit 02** 025~032 일반동사의 과거: 규칙형	**Review** 017~032
자기평가	☆☆☆☆☆	☆☆☆☆☆	☆☆☆☆☆	☆☆☆☆☆	☆☆☆☆☆	☆☆☆☆☆

날짜	월 일	월 일	월 일	월 일	월 일	월 일
진도	**Unit 03** 033~040 일반동사의 과거: 불규칙형	**Unit 03** 041~048 일반동사의 과거: 불규칙형	**Review** 033~048	**Unit 04** 049~055 미래 will	**Unit 04** 056~061 미래 will	**Review** 049~061
자기평가	☆☆☆☆☆	☆☆☆☆☆	☆☆☆☆☆	☆☆☆☆☆	☆☆☆☆☆	☆☆☆☆☆

날짜	월 일	월 일	월 일	월 일	월 일	월 일
진도	**Unit 05** 062~068 미래 be going to	**Unit 05** 069~076 미래 be going to	**Review** 062~076	**Unit 06** 077~083 현재진행형	**Unit 06** 084~092 현재진행형	**Unit 07** 093~100 과거진행형
자기평가	☆☆☆☆☆	☆☆☆☆☆	☆☆☆☆☆	☆☆☆☆☆	☆☆☆☆☆	☆☆☆☆☆

날짜	월 일	월 일	월 일	월 일	월 일	월 일
진도	**Review** 077~092 **Review** 093~100	**Unit 08** 101~107 현재완료형	**Unit 08** 108~114 현재완료형	**Review** 101~114	**Unit 09** 115~120 현재완료진행형	**Review** 115~120
자기평가	☆☆☆☆☆	☆☆☆☆☆	☆☆☆☆☆	☆☆☆☆☆	☆☆☆☆☆	☆☆☆☆☆

📖 **나의 학습 진도표** 하루에 공부할 분량을 스스로 정하고, 목표를 꼭 지키세요.

날짜	월 일	월 일	월 일	월 일	월 일
진도					
자기 평가	☆☆☆☆☆	☆☆☆☆☆	☆☆☆☆☆	☆☆☆☆☆	☆☆☆☆☆
날짜	월 일	월 일	월 일	월 일	월 일
진도					
자기 평가	☆☆☆☆☆	☆☆☆☆☆	☆☆☆☆☆	☆☆☆☆☆	☆☆☆☆☆
날짜	월 일	월 일	월 일	월 일	월 일
진도					
자기 평가	☆☆☆☆☆	☆☆☆☆☆	☆☆☆☆☆	☆☆☆☆☆	☆☆☆☆☆
날짜	월 일	월 일	월 일	월 일	월 일
진도					
자기 평가	☆☆☆☆☆	☆☆☆☆☆	☆☆☆☆☆	☆☆☆☆☆	☆☆☆☆☆
날짜	월 일	월 일	월 일	월 일	월 일
진도					
자기 평가	☆☆☆☆☆	☆☆☆☆☆	☆☆☆☆☆	☆☆☆☆☆	☆☆☆☆☆

> Tell me,
> and I'll forget.
> Teach me,
> and I may remember.
> **Involve me,
> and I learn.**
>
> - Benjamin Franklin

말해 주면 잊어버려요.
보여주면 기억할 수도 있겠죠.
내가 하면 깨달아요.

Benjamin Franklin 벤자민 프랭클린 1706~1790
출판업자이자 정치가, 과학자, 미국 건국의 아버지로 100달러 지폐에 초상화가 새겨져 있다.

UNIT 01
be동사의 과거

시작 ☐ 월 ☐ 일 ☐ :
마침 ☐ 월 ☐ 일 ☐ :

☆ **I am** *hungry now.* 나는 지금 배가 고프다.
I was *hungry yesterday.* 나는 어제 배가 고팠다.

be동사의 과거형은 was와 were이고, 과거의 상태를 나타냅니다.
▸ is/am → was   are → were

☆ *She* **was not** *hungry yesterday.*
그녀는 어제 배고프지 않았다.
Were you *hungry yesterday*?
너는 어제 배고팠니?

be동사의 과거 부정문은 was[were] 뒤에 not을 쓰고, be동사의 과거 의문문은 Was[Were]를 문장의 맨 앞에 씁니다.

 언제 일어난 일이 과거인가요?
말하는 시점 이전에 일어난 일은 과거예요. I was hungry.는 방금 전에 배가 고팠다는 의미일 수도 있고 지난밤에 배가 고팠다는 의미일 수도 있답니다.

The spaghetti was delicious.
스파게티가 맛이 있었다.

The spaghetti was not delicious.
스파게티가 맛이 없었다.

우리말 뜻을 참고하여 영어로 표현하세요.

일치

① 저녁은 맛이 있었다.
Dinner

② 식사가 맛이 있었다.
The meal

③ 과자들이 맛이 있었다.
The cookies

④ 후식이 맛이 있었다.
The dessert

부정

⑤ 식사가 맛이 없었다.
The meal

⑥ 과자들이 맛이 없었다.
The cookies

⑦ 후식이 맛이 없었다.
The dessert

⑧ 저녁은 맛이 없었다.
Dinner

낭·독·하·기 ▢▢▢▢▢ | 암·송·하·기 ○○○○○

 002

The door was locked.
문이 잠겨 있었다.

The door was not locked.
문이 잠겨 있지 않았다.

우리말 뜻을 참고하여 영어로 표현하세요.

일치

① 대문이 잠겨 있었다.
The gate

② 내 사물함이 잠겨 있었다.
My locker

③ 문들이 잠겨 있었다.
The doors

④ 그의 자전거는 잠겨 있었다.
His bike

부정

⑤ 내 사물함은 잠겨 있지 않았다.
My locker

⑥ 문들은 잠겨 있지 않았다.
The doors

⑦ 그의 자전거는 잠겨 있지 않았다.
His bike

⑧ 대문은 잠겨 있지 않았다.
The gate

003

낭·독·하·기 ☐☐☐☐☐   암·송·하·기 ○○○○○

She was so sleepy.
그녀는 매우 졸렸다.
Was she so sleepy?
그녀는 매우 졸렸니?

우리말 뜻을 참고하여 영어로 표현하세요.

① 그는 매우 졸렸다.
He _____

② 그의 남동생은 매우 졸렸다.
His brother _____

③ 그들은 매우 졸렸다.
They _____

④ 제니퍼는 매우 졸렸다.
Jennifer _____

⑤ 그는 매우 졸렸니?
he _____

⑥ 그의 남동생은 매우 졸렸니?
his brother _____

⑦ 그들은 매우 졸렸니?
they _____

⑧ 제니퍼는 매우 졸렸니?
Jennifer _____

🌸 so 매우, 그다지

She was so sleepy in class.
그녀는 수업시간에 매우 졸렸다.

She was not so sleepy in class.
그녀는 수업시간에 그다지 졸리지 않았다.

우리말 뜻을 참고하여 영어로 표현하세요.

① 마이클은 수업시간에 매우 졸렸다.
Michael

② 나는 수업시간에 매우 졸렸다.
I

③ 학생들은 수업시간에 매우 졸렸다.
The students

④ 우리는 수업시간에 매우 졸렸다.
We

⑤ 마이클은 수업시간에 그다지 졸리지 않았다.
Michael

⑥ 학생들은 수업시간에 그다지 졸리지 않았다.
The students

⑦ 나는 수업시간에 그다지 졸리지 않았다.
I

⑧ 우리는 수업시간에 그다지 졸리지 않았다.
We

● in class 수업시간에, 수업 중에

005

Jason was busy.
제이슨은 바빴다.

Jason was not busy.
제이슨은 바쁘지 않았다.

우리말 뜻을 참고하여 영어로 표현하세요.

일치

① 나는 바빴다.
I

② 우리는 바빴다.
We

③ 그들은 바빴다.
They

④ 우리 형은 바빴다.
My brother

부정

⑤ 우리 형은 바쁘지 않았다.
My brother

⑥ 우리는 바쁘지 않았다.
We

⑦ 나는 바쁘지 않았다.
I

⑧ 그들은 바쁘지 않았다.
They

Jason was busy working on the project.
제이슨은 프로젝트를 수행하느라 바빴다.

Was Jason busy working on the project?
제이슨은 프로젝트를 수행하느라 바빴니?

우리말 뜻을 참고하여 영어로 표현하세요.

1 그녀는 프로젝트를 수행하느라 바빴다.
She _____

2 그녀의 친구는 프로젝트를 수행하느라 바빴다.
Her friend _____

3 그녀의 친구들은 프로젝트를 수행하느라 바빴다.
Her friends _____

4 그들은 프로젝트를 수행하느라 바빴다.
They _____

5 그들은 프로젝트를 수행하느라 바빴니?
they _____

6 그녀의 친구는 프로젝트를 수행하느라 바빴니?
her friend _____

7 그녀의 친구들은 프로젝트를 수행하느라 바빴니?
her friends _____

8 그녀는 프로젝트를 수행하느라 바빴니?
she _____

● be busy -ing …하느라 바쁘다 ● work on the project 프로젝트를 수행하다

007

***Ian was* nervous.**
이안은 긴장이 되었다.

***Ian was not* nervous.**
이안은 긴장이 되지 않았다.

우리말 뜻을 참고하여 영어로 표현하세요.

일치

① 나는 긴장이 되었다.
I

② 그들은 긴장이 되었다.
They

③ 내 친구는 긴장이 되었다.
My friend

④ 내 친구와 나는 긴장이 되었다.
My friend and I

부정

⑤ 그들은 긴장이 되지 않았다.
They

⑥ 내 친구는 긴장이 되지 않았다.
My friend

⑦ 내 친구와 나는 긴장이 되지 않았다.
My friend and I

⑧ 나는 긴장이 되지 않았다.
I

낭·독·하·기 ☐☐☐☐☐ | 암·송·하·기 ○○○○○

008

Ian was very nervous before the test.
이안은 시험 전에 무척 긴장이 되었다.

Was Ian very nervous before the test?
이안은 시험 전에 무척 긴장이 되었니?

우리말 뜻을 참고하여 영어로 표현하세요.

일치

1 그들은 시험 전에 무척 긴장이 되었다.
They

2 마이클은 시험 전에 무척 긴장이 되었다.
Michael

3 학생들은 시험 전에 무척 긴장이 되었다.
The students

4 그녀는 시험 전에 무척 긴장이 되었다.
She

의문

5 그녀는 시험 전에 무척 긴장이 되었니?
she

6 그들은 시험 전에 무척 긴장이 되었니?
they

7 학생들은 시험 전에 무척 긴장이 되었니?
the students

8 마이클은 시험 전에 무척 긴장이 되었니?
Michael

✿ before … 전에

009

She was a little surprised.
그녀는 약간 놀랐었다.

Was she a little surprised?
그녀는 약간 놀랐었니?

우리말 뜻을 참고하여 영어로 표현하세요.

일치

① 그는 약간 놀랐었다.
He

② 그녀의 어머니는 약간 놀랐었다.
Her mother

③ 그녀의 부모님은 약간 놀랐었다.
Her parents

④ 그들은 약간 놀랐었다.
They

의문

⑤ 그녀의 어머니는 약간 놀랐었니?
her mother

⑥ 그녀의 부모님은 약간 놀랐었니?
her parents

⑦ 그는 약간 놀랐었니?
he

⑧ 그들이 약간 놀랐었니?
they

★ a little 약간, 살짝

낭·독·하·기 ☐☐☐☐☐ 암·송·하·기 ○○○○○ 010

They were in the library.
그들은 도서관에 있었다.

Were they in the library?
그들은 도서관에 있었니?

우리말 뜻을 참고하여 영어로 표현하세요.

① 루시는 도서관에 있었다.
Lucy

② 루시와 줄리아는 도서관에 있었다.
Lucy and Julia

③ 그 아이들은 도서관에 있었다.
The children

④ 그는 도서관에 있었다.
He

⑤ 그 아이들은 도서관에 있었니?
the children

⑥ 루시와 줄리아는 도서관에 있었니?
Lucy and Julia

⑦ 루시는 도서관에 있었니?
Lucy

⑧ 그는 도서관에 있었니?
he

011

She was here.
그녀는 여기에 있었다.

She was not here.
그녀는 여기에 없었다.

우리말 뜻을 참고하여 영어로 표현하세요.

일치

① 제이슨은 여기에 있었다.
Jason

② 나는 여기에 있었다.
I

③ 우리는 여기에 있었다.
We

④ 우리 이모는 여기에 있었다.
My aunt

부정

⑤ 우리는 여기에 없었다.
We

⑥ 제이슨은 여기에 없었다.
Jason

⑦ 나는 여기에 없었다.
I

⑧ 우리 이모는 여기에 없었다.
My aunt

She was here with Bill last night.
그녀는 어젯밤 빌과 함께 여기에 있었다.

Was she here with Bill last night?
그녀는 어젯밤 빌과 함께 여기에 있었니?

우리말 뜻을 참고하여 영어로 표현하세요.

일치

① 줄리아는 어젯밤 빌과 함께 여기에 있었다.
Julia _____

② 줄리아와 그레이스는 어젯밤 빌과 함께 여기에 있었다.
Julia and Grace _____

③ 빌의 친구들은 어젯밤 빌과 함께 여기에 있었다.
Bill's friends _____

④ 그 남자아이는 어젯밤 빌과 함께 여기에 있었다.
The boy _____

⑤ 빌의 친구들은 어젯밤 빌과 함께 여기에 있었니?
Bill's friends _____

⑥ 그 남자아이는 어젯밤 빌과 함께 여기에 있었니?
the boy _____

⑦ 줄리아는 어젯밤 빌과 함께 여기에 있었니?
Julia _____

⑧ 줄리아와 그레이스는 어젯밤 빌과 함께 여기에 있었니?
Julia and Grace _____

● with …와 함께 ● last night 어젯밤(에)

013

She was the last customer.
그녀가 마지막 손님이었다.

Was she the last customer?
그녀가 마지막 손님이었니?

우리말 뜻을 참고하여 영어로 표현하세요.

일치

① 빌이 마지막 손님이었다.
Bill

② 빌의 아버지가 마지막 손님이었다.
Bill's father

③ 그 여자가 마지막 손님이었다.
The woman

④ 그들이 마지막 손님들이었다.
They

의문

⑤ 그 여자가 마지막 손님이었니?
the woman

⑥ 빌의 아버지가 마지막 손님이었니?
Bill's father

⑦ 그들이 마지막 손님들이었니?
they

⑧ 빌이 마지막 손님이었니?
Bill

낭·독·하·기 ☐☐☐☐☐ 암·송·하·기 ○○○○○

  014

She was the last customer at the store. 그녀가 그 가게에서 마지막 손님이었다.

She was not the last customer at the store. 그녀는 그 가게에서 마지막 손님이 아니었다.

우리말 뜻을 참고하여 영어로 표현하세요.

일치

① 내가 그 가게에서 마지막 손님이었다.
I

② 우리 누나들이 그 가게에서 마지막 손님들이었다.
My sisters

③ 제니퍼가 그 가게에서 마지막 손님이었다.
Jennifer

④ 그가 그 가게에서 마지막 손님이었다.
He

✗ 부정

⑤ 우리 누나들은 그 가게에서 마지막 손님들이 아니었다.
My sisters

⑥ 제니퍼는 그 가게에서 마지막 손님이 아니었다.
Jennifer

⑦ 나는 그 가게에서 마지막 손님이 아니었다.
I

⑧ 그는 그 가게에서 마지막 손님이 아니었다.
He

● at+장소 …에서

015

Her dad was on the phone.
그녀의 아빠는 전화를 하고 있었다.

Was her dad on the phone?
그녀의 아빠는 전화를 하고 있었니?

우리말 뜻을 참고하여 영어로 표현하세요.

일치

① 이안은 전화를 하고 있었다.
Ian _____

② 그녀는 전화를 하고 있었다.
She _____

③ 그녀와 줄리아는 전화를 하고 있었다.
She and Julia _____

④ 그는 전화를 하고 있었다.
He _____

의문

⑤ 그녀와 줄리아는 전화를 하고 있었니?
she and Julia _____

⑥ 그녀는 전화를 하고 있었니?
she _____

⑦ 이안은 전화를 하고 있었니?
Ian _____

⑧ 그는 전화를 하고 있었니?
he _____

● be on the phone 전화를 하고 있다, 통화 중이다

He was already awake.
그는 벌써 잠에서 깼다.

Was he already awake?
그는 벌써 잠에서 깼니?

우리말 뜻을 참고하여 영어로 표현하세요.

① 그레이스는 벌써 잠에서 깼다.
Grace

② 그녀의 가족은 벌써 잠에서 깼다.
Her family

③ 그녀의 부모님은 벌써 잠에서 깼다.
Her parents

④ 그들은 벌써 잠에서 깼다.
They

⑤ 그녀의 부모님은 벌써 잠에서 깼니?
her parents

⑥ 그녀의 가족은 벌써 잠에서 깼니?
her family

⑦ 그들은 벌써 잠에서 깼니?
they

⑧ 그레이스는 벌써 잠에서 깼니?
Grace

● already 벌써, 이미

Review

001-016 그림을 보고 영어로 말해 보세요.

001

002

003

004

005

006

007

008

009

010
011
012
013
014
015
016

Preview — Unit 02

일반동사는 현재-과거-과거분사로 형태가 바뀝니다.
일정한 규칙에 따라 변하는 규칙형 일반동사를 미리 알아봅시다.

❶ 동사원형 + -ed
cook 요리하다 - cooked - cooked
join 참여하다 - joined - joined
play 놀다 - played - played
lock 잠그다 - locked - locked
work 일하다 - worked - worked

❷ -e로 끝남 → -d만 덧붙이기
bruise 멍들다 - bruised - bruised
like 좋아하다 - liked - liked
dance 춤추다 - danced - danced

❸ 「-단모음 + 단자음」 → 자음을 하나 더 쓰고 + -ed
clap 박수를 치다 - clapped - clapped
stop 멈추다 - stopped - stopped
plan 계획하다 - planned - planned

❹ 「-자음 + y」 → 「-자음 + i + -ed」
carry 나르다 - carried - carried
study 공부하다 - studied - studied
try 노력하다 - tried - tried

❺ -c로 끝남 → k를 덧붙이고 + -ed
mimic 모방하다 - mimicked - mimicked
panic 당황하게 하다 - panicked - panicked
picnic 소풍 가다 - picnicked - picnicked

UNIT 02

일반동사의 과거: 규칙형

시작　월　　일　　：
마침　월　　일　　：

☆ **I played** *the guitar yesterday.*
나는 어제 기타를 연주했다.

대부분의 일반동사 과거형은 동사원형에 -ed를 붙입니다.

☆ **I didn't play** *the guitar yesterday.*
나는 어제 기타를 연주하지 않았다.

Did you play *the guitar yesterday*?
너는 어제 기타를 연주했니?

일반동사의 과거 부정문을 만들 때는 did not[didn't]을 일반동사 앞에 쓰고, 일반동사의 과거 의문문은 「Did+주어+동사원형 ~?」의 순으로 씁니다.

 일반동사 과거 의문문의 Did는 뭐죠?
일반동사의 의문문을 만들 때는 조동사 Do가 맨 앞에 와요. 과거 의문문의 경우 Do의 과거형 Did를 써야 하며, 이때 뒤에 오는 일반동사는 원형으로 써요.

017

She cooked *breakfast* yesterday.
그녀는 어제 아침 식사를 요리했다.

She didn't cook *breakfast* yesterday.
그녀는 어제 아침 식사를 요리하지 않았다.

우리말 뜻을 참고하여 영어로 표현하세요.

① 그녀는 어제 파스타를 요리했다.
pasta

② 그녀는 어제 생선을 요리했다.
fish

③ 그녀는 어제 저녁 식사를 요리했다.
supper

④ 그녀는 어제 밥을 지었다.
rice

⑤ 그녀는 어제 생선을 요리하지 않았다.
fish

⑥ 그녀는 어제 밥을 짓지 않았다.
rice

⑦ 그녀는 어제 저녁 식사를 요리하지 않았다.
supper

⑧ 그녀는 어제 파스타를 요리하지 않았다.
pasta

● supper (가볍게 먹는) 저녁 식사

She cooked breakfast in the kitchen.
그녀는 부엌에서 아침 식사를 요리했다.

Did she cook breakfast in the kitchen?
그녀는 부엌에서 아침 식사를 요리했니?

우리말 뜻을 참고하여 영어로 표현하세요.

① 그의 어머니는 부엌에서 아침 식사를 요리했다.
His mother

② 그의 누나는 부엌에서 아침 식사를 요리했다.
His sister

③ 그녀의 할머니는 부엌에서 아침 식사를 요리했다.
Her grandmother

④ 제니퍼는 부엌에서 아침 식사를 요리했다.
Jennifer

⑤ 그의 누나가 부엌에서 아침 식사를 요리했니?
his sister

⑥ 그의 어머니가 부엌에서 아침 식사를 요리했니?
his mother

⑦ 그녀의 할머니가 부엌에서 아침 식사를 요리했니?
her grandmother

⑧ 제니퍼가 부엌에서 아침 식사를 요리했니?
Jennifer

019

I joined a book club.
나는 독서 모임에 가입했다.

I did not join a book club.
나는 독서 모임에 가입하지 않았다.

우리말 뜻을 참고하여 영어로 표현하세요.

① 제이슨은 독서 모임에 가입했다.
Jason

② 우리 오빠는 독서 모임에 가입했다.
My brother

③ 그들은 독서 모임에 가입했다.
They

④ 그녀는 독서 모임에 가입했다.
She

⑤ 우리 오빠는 독서 모임에 가입하지 않았다.
My brother

⑥ 그들은 독서 모임에 가입하지 않았다.
They

⑦ 제이슨은 독서 모임에 가입하지 않았다.
Jason

⑧ 그녀는 독서 모임에 가입하지 않았다.
She

The man locked *the front door*.
그 남자는 현관문을 잠갔다.

The man didn't lock *the front door*.
그 남자는 현관문을 잠그지 않았다.

우리말 뜻을 참고하여 영어로 표현하세요.

① 그 남자는 문을 잠갔다.
the door

② 그 남자는 모든 문들을 잠갔다.
all the doors

③ 그 남자는 서랍을 잠갔다.
the drawer

④ 그 남자는 책상 서랍을 잠갔다.
the desk drawer

⑤ 그 남자는 책상 서랍을 잠그지 않았다.
the desk drawer

⑥ 그 남자는 모든 문들을 잠그지 않았다.
all the doors

⑦ 그 남자는 서랍을 잠그지 않았다.
the drawer

⑧ 그 남자는 문을 잠그지 않았다.
the door

● front 앞의, 정면의

Julia played the happy birthday song.
줄리아는 생일 축하 노래를 연주했다.

Julia did not play the happy birthday song.
줄리아는 생일 축하 노래를 연주하지 않았다.

우리말 뜻을 참고하여 영어로 표현하세요.

① 내가 생일 축하 노래를 연주했다.
I

② 우리 이모가 생일 축하 노래를 연주했다.
My aunt

③ 루시가 생일 축하 노래를 연주했다.
Lucy

④ 그녀의 친구가 생일 축하 노래를 연주했다.
Her friend

⑤ 루시는 생일 축하 노래를 연주하지 않았다.
Lucy

⑥ 우리 이모는 생일 축하 노래를 연주하지 않았다.
My aunt

⑦ 나는 생일 축하 노래를 연주하지 않았다.
I

⑧ 그녀의 친구는 생일 축하 노래를 연주하지 않았다.
Her friend

낭·독·하·기 ☐☐☐☐☐ 암·송·하·기 ○○○○○ 022

Julia played the happy birthday song *on the piano*. 줄리아는 피아노로 생일 축하 노래를 연주했다.

Did Julia play the happy birthday song *on the piano*?
줄리아는 피아노로 생일 축하 노래를 연주했니?

우리말 뜻을 참고하여 영어로 표현하세요.

① 줄리아는 바이올린으로 생일 축하 노래를 연주했다.
   on the violin
   _____

② 줄리아는 기타로 생일 축하 노래를 연주했다.
   on the guitar
   _____

③ 줄리아는 플루트로 생일 축하 노래를 연주했다.
   on the flute
   _____

④ 줄리아는 첼로로 생일 축하 노래를 연주했다.
   on the cello
   _____

⑤ 줄리아는 플루트로 생일 축하 노래를 연주했니?
   on the flute
   _____

⑥ 줄리아는 첼로로 생일 축하 노래를 연주했니?
   on the cello
   _____

⑦ 줄리아는 바이올린으로 생일 축하 노래를 연주했니?
   on the violin
   _____

⑧ 줄리아는 기타로 생일 축하 노래를 연주했니?
   on the guitar
   _____

● on the + 악기 이름 해당 악기로

023

***Bill worked** hard.*
빌은 열심히 일했다.

***Bill did not work** hard.*
빌은 열심히 일하지 않았다.

우리말 뜻을 참고하여 영어로 표현하세요.

일치

① 우리 누나는 열심히 일했다.
My sister

② 나는 열심히 일했다.
I

③ 그들은 열심히 일했다.
They

④ 우리는 열심히 일했다.
We

부정

⑤ 그들은 열심히 일하지 않았다.
They

⑥ 우리 누나는 열심히 일하지 않았다.
My sister

⑦ 우리는 열심히 일하지 않았다.
We

⑧ 나는 열심히 일하지 않았다.
I

Bill worked hard for *the test*.
빌은 시험을 위해 열심히 공부했다.

Did Bill work hard for *the test*?
빌은 시험을 위해 열심히 공부했니?

우리말 뜻을 참고하여 영어로 표현하세요.

1. 빌은 중간고사를 위해 열심히 공부했다.
   the midterm exams

2. 빌은 기말고사를 위해 열심히 공부했다.
   the final exams

3. 빌은 수학 시험을 위해 열심히 공부했다.
   the math test

4. 빌은 단어 퀴즈를 위해 열심히 공부했다.
   the vocabulary quiz

5. 빌은 수학 시험을 위해 열심히 공부했니?
   the math test

6. 빌은 중간고사를 위해 열심히 공부했니?
   the midterm exams

7. 빌은 단어 퀴즈를 위해 열심히 공부했니?
   the vocabulary quiz

8. 빌은 기말고사를 위해 열심히 공부했니?
   the final exams

● for …을 위해 ● midterm 학기 중간의

She sprayed perfume.
그녀는 향수를 뿌렸다.

She didn't spray perfume.
그녀는 향수를 뿌리지 않았다.

우리말 뜻을 참고하여 영어로 표현하세요.

일치

① 우리 엄마는 향수를 뿌렸다.
My mom

② 우리 오빠는 향수를 뿌렸다.
My brother

③ 그레이스는 향수를 뿌렸다.
Grace

④ 나는 향수를 뿌렸다.
I

부정

⑤ 우리 형은 향수를 뿌리지 않았다.
My brother

⑥ 우리 엄마는 향수를 뿌리지 않았다.
My mom

⑦ 나는 향수를 뿌리지 않았다.
I

⑧ 그레이스는 향수를 뿌리지 않았다.
Grace

낭·독·하·기 ☐☐☐☐☐ 암·송·하·기 ○○○○○

 026

Grace sprayed perfume *on her neck*.
그레이스는 목에 향수를 뿌렸다.

Did Grace spray perfume *on her neck*?
그레이스는 목에 향수를 뿌렸니?

우리말 뜻을 참고하여 영어로 표현하세요.

① 그레이스는 손목에 향수를 뿌렸다.
　on her wrist

② 그레이스는 몸에 향수를 뿌렸다.
　on her body

③ 그레이스는 방에 향수를 뿌렸다.
　in her room

④ 그레이스는 공중에 향수를 뿌렸다.
　in the air

⑤ 그레이스는 몸에 향수를 뿌렸니?
　on her body

⑥ 그레이스는 손목에 향수를 뿌렸니?
　on her wrist

⑦ 그레이스는 공중에 향수를 뿌렸니?
　in the air

⑧ 그레이스는 방에 향수를 뿌렸니?
　in her room

● **on** …에(바로 맞닿는 부분)

027

I bruised *my arm* yesterday.
나는 어제 팔에 멍이 들었다.

I didn't bruise *my arm* yesterday.
나는 어제 팔에 멍이 들지 않았다.

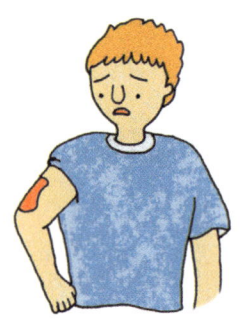

우리말 뜻을 참고하여 영어로 표현하세요.

① 나는 어제 얼굴에 멍이 들었다.
my face

② 나는 어제 오른쪽 눈에 멍이 들었다.
my right eye

③ 나는 어제 무릎에 멍이 들었다.
my knee

④ 나는 어제 다리에 멍이 들었다.
my leg

⑤ 나는 어제 무릎에 멍이 들지 않았다.
my knee

⑥ 나는 어제 오른쪽 눈에 멍이 들지 않았다.
my right eye

⑦ 나는 어제 다리에 멍이 들지 않았다.
my leg

⑧ 나는 어제 얼굴에 멍이 들지 않았다.
my face

Bill watched TV *all day*.
빌은 하루 종일 TV를 보았다.

Did Bill watch TV *all day*?
빌은 하루 종일 TV를 보았니?

> 우리말 뜻을 참고하여 영어로 표현하세요.

① 빌은 밤새 TV를 보았다.
all night

② 빌은 어젯밤에 TV를 보았다.
last night

③ 빌은 그의 방에서 TV를 보았다.
in his room

④ 빌은 거실에서 TV를 보았다.
in the living room

⑤ 빌은 어젯밤에 TV를 보았니?
last night

⑥ 빌은 밤새 TV를 보았니?
all night

⑦ 빌은 거실에서 TV를 보았니?
in the living room

⑧ 빌은 그의 방에서 TV를 보았니?
in his room

● in ···(안)에서 ● all+시간 명사 ···내내

I learned to *play the guitar*.
나는 기타 치는 걸 배웠다.

I didn't learn to *play the guitar*.
나는 기타 치는 걸 배우지 않았다.

우리말 뜻을 참고하여 영어로 표현하세요.

① 나는 스파게티 요리하는 걸 배웠다.
cook spaghetti

② 나는 빵 굽는 걸 배웠다.
bake bread

③ 나는 야구하는 걸 배웠다.
play baseball

④ 나는 운전하는 걸 배웠다.
drive a car

⑤ 나는 빵 굽는 걸 배우지 않았다.
bake bread

⑥ 나는 운전하는 걸 배우지 않았다.
drive a car

⑦ 나는 야구하는 걸 배우지 않았다.
play baseball

⑧ 나는 스파게티 요리하는 걸 배우지 않았다.
cook spaghetti

● to+동사원형 …하는 것을[걸]

낭·독·하·기 ☐☐☐☐☐ 암·송·하·기 ○○○○○

 030

He learned to play the guitar from Bill.
그는 빌에게 기타 치는 걸 배웠다.

Did he learn to play the guitar from Bill?
그는 빌에게 기타 치는 걸 배웠니?

우리말 뜻을 참고하여 영어로 표현하세요.

일치

① 그의 친구는 빌에게 기타 치는 걸 배웠다.
His friend _____

② 그녀는 빌에게 기타 치는 걸 배웠다.
She _____

③ 그녀의 남동생은 빌에게 기타 치는 걸 배웠다.
Her brother _____

④ 마이클은 빌에게 기타 치는 걸 배웠다.
Michael _____

의문

⑤ 그녀는 빌에게 기타 치는 걸 배웠니?
she _____

⑥ 그의 친구는 빌에게 기타 치는 걸 배웠니?
his friend _____

⑦ 마이클은 빌에게 기타 치는 걸 배웠니?
Michael _____

⑧ 그녀의 남동생은 빌에게 기타 치는 걸 배웠니?
her brother _____

● from …에게서, …로부터

Grace waited *in the car*.
그레이스는 차에서 기다렸다.

Did Grace wait *in the car*?
그레이스는 차에서 기다렸니?

우리말 뜻을 참고하여 영어로 표현하세요.

1 그레이스는 카페에서 기다렸다.
at the cafe

2 그레이스는 쇼핑몰에서 기다렸다.
at the mall

3 그레이스는 줄서서 기다렸다.
in line

4 그레이스는 여러 시간을 기다렸다.
for hours

5 그레이스는 쇼핑몰에서 기다렸니?
at the mall

6 그레이스는 줄을 서서 기다렸니?
in line

7 그레이스는 여러 시간을 기다렸니?
for hours

8 그레이스는 카페에서 기다렸니?
at the cafe

낭·독·하·기 ☐☐☐☐☐ 암·송·하·기 ○○○○○

He rushed into the elevator.
그는 급하게 엘리베이터를 탔다.

Did he rush into the elevator?
그는 급하게 엘리베이터를 탔니?

우리말 뜻을 참고하여 영어로 표현하세요.

일치

① 그들은 급하게 엘리베이터를 탔다.
They

② 그녀는 급하게 엘리베이터를 탔다.
She

③ 빌은 급하게 엘리베이터를 탔다.
Bill

④ 아빠는 급하게 엘리베이터를 탔다.
Dad

의문

⑤ 아빠는 급하게 엘리베이터를 탔니?
Dad

⑥ 그들은 급하게 엘리베이터를 탔니?
they

⑦ 빌은 급하게 엘리베이터를 탔니?
Bill

⑧ 그녀는 급하게 엘리베이터를 탔니?
she

🌸 rush into 급하게 들어가다

Review

017-032 그림을 보고 영어로 말해 보세요.

일반동사는 현재-과거-과거분사로 형태가 바뀝니다.
변화가 일정하지 않은 불규칙형 일반동사를 미리 알아봅시다.

❶ A – A – A: 원형, 과거형, 과거분사형이 모두 동일
cut 자르다 – cut – cut
let 시키다 – let – let
put 놓다 – put – put
read[ri:d] 읽다 – read[red] – read[red]

❷ A – B – A: 원형과 과거분사형이 동일
come 오다 – came – come
run 달리다 – ran – run
become 되다 – became – become

❸ A – B – B: 과거형과 과거분사형이 동일
bring 가져오다 – brought – brought
feel 느끼다 – felt – felt
find 발견하다 – found – found
say 말하다 – said – said
hang 걸다 – hung – hung
leave 떠나다 – left – left
lose 잃다 – lost – lost

❹ A – B – C: 원형, 과거형, 과거분사형이 모두 다름
begin 시작하다 – began – begun
break 깨다 – broke – broken
eat 먹다 – ate – eaten
forget 잊다 – forgot – forgotten
speak 말하다 – spoke – spoken
shake 흔들다 – shook – shaken
take 가지다 – took – taken
wear 입다 – wore – worn
write 쓰다 – wrote – written

UNIT 03

일반동사의 과거: 불규칙형

시작   월   일   :
마침   월   일   :

☆ *He* **came** *home.* 그는 집에 왔다.

일반동사는 과거를 나타낼 때 규칙적으로 변하기도 하지만 불규칙적인 경우도 있습니다. 불규칙적으로 변하는 일반동사는 잘 외워두세요.

☆ **Did** *he* **come** *home?* 그가 집에 왔니?
He **didn't come** *home.* 그는 집에 오지 않았다.

일반동사의 과거 의문문은 「Did+주어+동사원형 ~?」의 순으로 씁니다. 일반동사의 과거 부정문을 만들 때는 did not[didn't]을 동사원형 앞에 씁니다.

033

I drank *two cups of juice*.
나는 주스 두 컵을 마셨다.

I didn't drink *two cups of juice*.
나는 주스 두 컵을 마시지 않았다.

우리말 뜻을 참고하여 영어로 표현하세요.

① 나는 물 한 잔을 마셨다.
a glass of water

② 나는 탄산음료를 마셨다.
soda

③ 나는 콜라 한 캔을 마셨다.
a can of Coke

④ 나는 녹차를 마셨다.
green tea

⑤ 나는 탄산음료를 마시지 않았다.
soda

⑥ 나는 콜라 한 캔을 마시지 않았다.
a can of Coke

⑦ 나는 녹차를 마시지 않았다.
green tea

⑧ 나는 물 한잔을 마시지 않았다.
a glass of water

● drink – drank – drunk

He left his *coat* at home.
그는 코트를 집에 두고 왔다.

Did he leave his *coat* at home?
그는 코트를 집에 두고 왔니?

우리말 뜻을 참고하여 영어로 표현하세요.

① 그는 휴대폰을 집에 두고 왔다.
cellphone

② 그는 노트북컴퓨터를 집에 두고 왔다.
laptop

③ 그는 안경을 집에 두고 왔다.
glasses

④ 그는 우산을 집에 두고 왔다.
umbrella

⑤ 그는 우산을 집에 두고 왔니?
umbrella

⑥ 그는 휴대폰을 집에 두고 왔니?
cellphone

⑦ 그는 안경을 집에 두고 왔니?
glasses

⑧ 그는 노트북컴퓨터를 집에 두고 왔니?
laptop

❋ leave-left-left

035

Mom cut the apple.
엄마가 사과를 잘랐다.

Did Mom cut the apple?
엄마가 사과를 잘랐니?

우리말 뜻을 참고하여 영어로 표현하세요.

일치

① 제니퍼가 사과를 잘랐다.
Jennifer

② 그가 사과를 잘랐다.
He

③ 그의 누나가 사과를 잘랐다.
His sister

④ 아빠가 사과를 잘랐다.
Dad

의문

⑤ 그가 사과를 잘랐니?
he

⑥ 아빠가 사과를 잘랐니?
Dad

⑦ 그의 누나가 사과를 잘랐니?
his sister

⑧ 제니퍼가 사과를 잘랐니?
Jennifer

* cut-cut-cut

Mom cut *the apple* into pieces.
엄마가 사과를 조각으로 잘랐다.

Mom didn't cut *the apple* into pieces.
엄마는 사과를 조각으로 자르지 않았다.

우리말 뜻을 참고하여 영어로 표현하세요.

① 엄마가 피자를 조각으로 잘랐다.
the pizza

② 엄마가 스테이크를 조각으로 잘랐다.
the steak

③ 엄마가 토마토를 조각으로 잘랐다.
the tomato

④ 엄마가 당근을 조각으로 잘랐다.
the carrot

⑤ 엄마는 토마토를 조각으로 자르지 않았다.
the tomato

⑥ 엄마는 당근을 조각으로 자르지 않았다.
the carrot

⑦ 엄마는 스테이크를 조각으로 자르지 않았다.
the steak

⑧ 엄마는 피자를 조각으로 자르지 않았다.
the pizza

◆ cut ~ into pieces …를 조각으로 자르다

We ate **French fries**.
우리는 감자튀김을 먹었다.

We did not eat **French fries**.
우리는 감자튀김을 먹지 않았다.

우리말 뜻을 참고하여 영어로 표현하세요.

① 우리는 햄버거를 먹었다.
hamburgers

② 우리는 샌드위치를 먹었다.
sandwiches

③ 우리는 사과파이를 먹었다.
apple pie

④ 우리는 아이스크림을 먹었다.
ice cream

⑤ 우리는 샌드위치를 먹지 않았다.
sandwiches

⑥ 우리는 사과파이를 먹지 않았다.
apple pie

⑦ 우리는 아이스크림을 먹지 않았다.
ice cream

⑧ 우리는 햄버거를 먹지 않았다.
hamburgers

● eat-ate-eaten

He lost *the receipt*.
그는 영수증을 잃어버렸다.

Did he lose *the receipt*?
그는 영수증을 잃어버렸니?

우리말 뜻을 참고하여 영어로 표현하세요.

① 그는 가방을 잃어버렸다.
his bag

② 그는 자동차 열쇠를 잃어버렸다.
his car key

③ 그는 지갑을 잃어버렸다.
his wallet

④ 그는 사진기를 잃어버렸다.
his camera

⑤ 그는 지갑을 잃어버렸니?
his wallet

⑥ 그는 가방을 잃어버렸니?
his bag

⑦ 그는 자동차 열쇠를 잃어버렸니?
his car key

⑧ 그는 사진기를 잃어버렸니?
his camera

★ lose-lost-lost

039

The trees shook in the wind.
나무들이 바람에 흔들렸다.

The trees did not shake in the wind.
나무들이 바람에 흔들리지 않았다.

우리말 뜻을 참고하여 영어로 표현하세요.

일치

① 나뭇가지들이 바람에 흔들렸다.
The branches

② 잎사귀들이 바람에 흔들렸다.
The leaves

③ 자동차가 바람에 흔들렸다.
The car

④ 집이 바람에 흔들렸다.
The house

부정

⑤ 자동차가 바람에 흔들리지 않았다.
The car

⑥ 나뭇가지들이 바람에 흔들리지 않았다.
The branches

⑦ 집이 바람에 흔들리지 않았다.
The house

⑧ 잎사귀들이 바람에 흔들리지 않았다.
The leaves

● shake-shook-shaken

I wore my new *jacket*.
나는 새 재킷을 입었다.

I didn't wear my new *jacket*.
나는 새 재킷을 입지 않았다.

우리말 뜻을 참고하여 영어로 표현하세요.

1. 나는 새 가죽 재킷을 입었다.
   leather jacket

2. 나는 새 청바지를 입었다.
   blue jeans

3. 나는 새 바지를 입었다.
   pants

4. 나는 새 운동화를 신었다.
   sneakers

5. 나는 새 청바지를 입지 않았다.
   blue jeans

6. 나는 새 가죽 재킷을 입지 않았다.
   leather jacket

7. 나는 새 운동화를 신지 않았다.
   sneakers

8. 나는 새 바지를 입지 않았다.
   pants

wear-wore-worn

041

She took *a shower* last night.
그녀는 어젯밤에 샤워를 했다.

Did she take *a shower* last night?
그녀는 어젯밤에 샤워를 했니?

우리말 뜻을 참고하여 영어로 표현하세요.

① 그녀는 어젯밤에 뜨거운 물로 샤워를 했다.
 a hot shower

② 그녀는 어젯밤에 차가운 물로 샤워를 했다.
 a cold shower

③ 그녀는 어젯밤에 목욕을 했다.
 a bath

④ 그녀는 어젯밤에 따뜻한 물로 목욕을 했다.
 a warm bath

⑤ 그녀는 어젯밤에 차가운 물로 샤워를 했니?
 a cold shower

⑥ 그녀는 어젯밤에 뜨거운 물로 샤워를 했니?
 a hot shower

⑦ 그녀는 어젯밤에 따뜻한 물로 목욕을 했니?
 a warm bath

⑧ 그녀는 어젯밤에 목욕을 했니?
 a bath

🔴 take-took-taken

I forgot to buy *fruit*.
나는 과일 사는 걸 잊었다.

I did not forget to buy *fruit*.
나는 과일 사는 걸 잊지 않았다.

우리말 뜻을 참고하여 영어로 표현하세요.

① 나는 채소 사는 걸 잊었다.
vegetables

② 나는 쌀 사는 걸 잊었다.
rice

③ 나는 식료품 사는 걸 잊었다.
groceries

④ 나는 우유 사는 걸 잊었다.
milk

⑤ 나는 식료품 사는 걸 잊지 않았다.
groceries

⑥ 나는 채소 사는 걸 잊지 않았다.
vegetables

⑦ 나는 우유 사는 걸 잊지 않았다.
milk

⑧ 나는 쌀 사는 걸 잊지 않았다.
rice

● forget-forgot-forgotten ● forget+to+동사원형 …하는 걸 잊다

Michael hung his *pants*.
마이클은 그의 바지를 걸었다.

Michael didn't hang his *pants*.
마이클은 그의 바지를 걸지 않았다.

우리말 뜻을 참고하여 영어로 표현하세요.

① 마이클은 그의 재킷을 걸었다.
jacket

② 마이클은 그의 코트를 걸었다.
coat

③ 마이클은 그의 스키 바지를 걸었다.
ski pants

④ 마이클은 그의 티셔츠를 걸었다.
T-shirt

⑤ 마이클은 그의 스키 바지를 걸지 않았다.
ski pants

⑥ 마이클은 그의 티셔츠를 걸지 않았다.
T-shirt

⑦ 마이클은 그의 재킷을 걸지 않았다.
jacket

⑧ 마이클은 그의 코트를 걸지 않았다.
coat

● hang-hung-hung

Michael hung his pants in the closet.
마이클은 그의 바지를 옷장에 걸었다.

Did Michael hang his pants in the closet?
마이클은 그의 바지를 옷장에 걸었니?

우리말 뜻을 참고하여 영어로 표현하세요.

일치

① 그는 바지를 옷장에 걸었다.
He _____

② 그 남자는 바지를 옷장에 걸었다.
The man _____

③ 그의 형은 바지를 옷장에 걸었다.
His brother _____

④ 이안은 바지를 옷장에 걸었다.
Ian _____

의문

⑤ 그 남자는 바지를 옷장에 걸었니?
the man _____

⑥ 그는 바지를 옷장에 걸었니?
he _____

⑦ 그의 형은 바지를 옷장에 걸었니?
his brother _____

⑧ 이안은 바지를 옷장에 걸었니?
Ian _____

045

***Jason broke** the window yesterday.* 제이슨은 어제 유리창을 깼다.

***Did Jason break** the window yesterday?* 제이슨은 어제 유리창을 깼니?

우리말 뜻을 참고하여 영어로 표현하세요.

일치

① 그는 어제 유리창을 깼다.
He

② 그의 남동생은 어제 유리창을 깼다.
His brother

③ 그 여자아이는 어제 유리창을 깼다.
The girl

④ 그들은 어제 유리창을 깼다.
They

의문

⑤ 그 여자아이가 어제 유리창을 깼니?
the girl

⑥ 그의 남동생이 어제 유리창을 깼니?
his brother

⑦ 그들이 어제 유리창을 깼니?
they

⑧ 그가 어제 유리창을 깼니?
he

● break-broke-broken

낭·독·하·기 ☐☐☐☐☐　암·송·하·기 ○○○○○

I put leftover *pizza* in the microwave.
나는 남은 피자를 전자레인지에 넣었다.

I didn't put leftover *pizza* in the microwave.
나는 남은 피자를 전자레인지에 넣지 않았다.

우리말 뜻을 참고하여 영어로 표현하세요.

① 나는 남은 파스타를 전자레인지에 넣었다.
pasta

② 나는 남은 수프를 전자레인지에 넣었다.
soup

③ 나는 남은 닭고기를 전자레인지에 넣었다.
chicken

④ 나는 남은 스테이크를 전자레인지에 넣었다.
steak

⑤ 나는 남은 닭고기를 전자레인지에 넣지 않았다.
chicken

⑥ 나는 남은 파스타를 전자레인지에 넣지 않았다.
pasta

⑦ 나는 남은 수프를 전자레인지에 넣지 않았다.
soup

⑧ 나는 남은 스테이크를 전자레인지에 넣지 않았다.
steak

● put-put-put ・ leftover 남은 것

047

The sun rose *over the hill*.
해가 언덕 위로 떴다.

Did the sun rise *over the hill*?
해가 언덕 위로 떴니?

우리말 뜻을 참고하여 영어로 표현하세요.

응용

① 해가 산 위로 떴다.
over the mountain

② 해가 호수 위로 떴다.
over the lake

③ 해가 바다 위로 떴다.
over the sea

④ 해가 해변 위로 떴다.
over the beach

의문

⑤ 해가 바다 위로 떴니?
over the sea

⑥ 해가 호수 위로 떴니?
over the lake

⑦ 해가 산 위로 떴니?
over the mountain

⑧ 해가 해변 위로 떴니?
over the beach

🌸 rise-rose-risen • over+장소 명사 …위로

The spring semester began today.
봄 학기가 오늘 시작했다.

Did *the spring semester* begin today?
봄 학기가 오늘 시작했니?

우리말 뜻을 참고하여 영어로 표현하세요.

① 가을 학기가 오늘 시작했다.
The fall semester

② 여름 방학이 오늘 시작했다.
The summer vacation

③ 크리스마스 휴가가 오늘 시작했다.
The Christmas holidays

④ 추수감사절 휴가가 오늘 시작했다.
The Thanksgiving holidays

⑤ 크리스마스 휴가가 오늘 시작했니?
the Christmas holidays

⑥ 가을 학기가 오늘 시작했니?
the fall semester

⑦ 여름 방학이 오늘 시작했니?
the summer vacation

⑧ 추수감사절 휴가가 오늘 시작했니?
the Thanksgiving holidays

🌸 begin-began-begun

Review

033-048 그림을 보고 영어로 말해 보세요.

042

043

044

045

046

047

048

Unit 04

현재 · 과거 · 미래 시제를 한눈에 정리해 봅시다.

과거	• 이미 일어난 일 • 보통 동사원형 끝에 -ed를 붙임 　The cat jump**ed** onto the bed. • 불규칙동사는 다양하게 변함 　go - went - gone 　tell - told - told
현재	• 지금 일어난 일, 반복적으로 일어나는 일 • 주어가 3인칭 단수 명사 또는 대명사일 때 동사원형 끝에 -s를 붙임 　We walk. 　He walk**s**.
미래	• 앞으로 일어날 일 • 동사원형 앞에 will이나 be going to를 붙임 　They **will** talk later. 　Tomorrow, I **will** read a book. 　She **is going to** move out.

UNIT 04

미래 will

시작   월   일   :
마침   월   일   :

☆ ***I* will meet *my friend*.** 나는 친구를 만날 것이다. (단순 미래)
***I'll* have *coffee*.** 나는 커피를 마실 것이다. (의지)

미래를 나타낼 때는 동사 앞에 will을 붙입니다. will은 단순히 미래에 일어날 일을 뜻하기도 하고, 주어의 의지를 나타내기도 합니다.

☆ **Will you meet *your friend*?** 너는 친구를 만날 거니?
I won't meet *my friend*. 나는 친구를 만나지 않을 것이다.

미래 의문문은 「Will+주어+동사원형~?」의 순으로 씁니다. 미래 부정문으로 만들 때는 동사 앞에 will not 또는 줄임말 won't를 붙입니다. won't[wount]는 입술을 동그랗게 오므리고 네 개의 음[워오운트]을 빠르게 연결시키며 발음합니다.

 will 뒤에는 무엇이 오나요?
will은 미래를 나타내는 동사의 조수(조동사)로, 항상 뒤에 동사원형이 온답니다.

049

Jason will meet her.
제이슨은 그녀를 만날 것이다.

Jason won't meet her.
제이슨은 그녀를 만나지 않을 거다.

우리말 뜻을 참고하여 영어로 표현하세요.

일치

1. 나는 그녀를 만날 것이다.
   I

2. 그는 그녀를 만날 것이다.
   He

3. 우리는 그녀를 만날 것이다.
   We

4. 빌은 그녀를 만날 것이다.
   Bill

부정

5. 그는 그녀를 만나지 않을 것이다.
   He

6. 나는 그녀를 만나지 않을 것이다.
   I

7. 빌은 그녀를 만나지 않을 것이다.
   Bill

8. 우리는 그녀를 만나지 않을 것이다.
   We

Jason will meet her *at noon tomorrow*.
제이슨은 내일 정오에 그녀를 만날 것이다.

Will Jason meet her *at noon tomorrow*?
제이슨은 내일 정오에 그녀를 만날 거니?

우리말 뜻을 참고하여 영어로 표현하세요.

① 제이슨은 내일 그녀를 만날 것이다.
tomorrow

② 제이슨은 내일 저녁에 그녀를 만날 것이다.
tomorrow evening

③ 제이슨은 내일 오후에 그녀를 만날 것이다.
tomorrow afternoon

④ 제이슨은 저녁 늦게 그녀를 만날 것이다.
late in the evening

⑤ 제이슨은 내일 저녁에 그녀를 만날 거니?
tomorrow evening

⑥ 제이슨은 내일 그녀를 만날 거니?
tomorrow

⑦ 제이슨은 저녁 늦게 그녀를 만날 거니?
late in the evening

⑧ 제이슨은 내일 오후에 그녀를 만날 거니?
tomorrow afternoon

051

She will come to my birthday party.
그녀는 내 생일 파티에 올 것이다.

She won't come to my birthday party.
그녀는 내 생일 파티에 오지 않을 것이다.

우리말 뜻을 참고하여 영어로 표현하세요.

① 우리 이모는 내 생일 파티에 올 것이다.
My aunt

② 그들은 내 생일 파티에 올 것이다.
They

③ 그레이스는 내 생일 파티에 올 것이다.
Grace

④ 내 친구들은 내 생일 파티에 올 것이다.
My friends

⑤ 그들은 내 생일 파티에 오지 않을 것이다.
They

⑥ 우리 이모는 내 생일 파티에 오지 않을 것이다.
My aunt

⑦ 내 친구들은 내 생일 파티에 오지 않을 것이다.
My friends

⑧ 그레이스는 내 생일 파티에 오지 않을 것이다.
Grace

낭·독·하·기 ☐☐☐☐☐ 암·송·하·기 ○○○○○

 052

He will return the books later.
그는 책들을 나중에 반납할 것이다.

Will he return the books later?
그는 책들을 나중에 반납할 거니?

우리말 뜻을 참고하여 영어로 표현하세요.

일치

① 빌은 책들을 나중에 반납할 것이다.
Bill _____

② 그의 친구는 책들을 나중에 반납할 것이다.
His friend _____

③ 루시는 책들을 나중에 반납할 것이다.
Lucy _____

④ 그들은 책들을 나중에 반납할 것이다.
They _____

의문

⑤ 그의 친구는 책들을 나중에 반납할 거니?
his friend _____

⑥ 루시는 책들을 나중에 반납할 거니?
Lucy _____

⑦ 그들은 책들을 나중에 반납할 거니?
they _____

⑧ 빌은 책들을 나중에 반납할 거니?
Bill _____

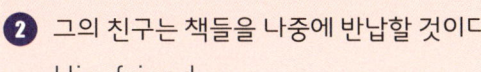 later 후에, 나중에

053

낭·독·하·기 ☐☐☐☐☐   암·송·하·기 ○○○○○

You'll need a new *battery*.
너는 새 배터리가 필요할 것이다.

You won't need a new *battery*.
너는 새 배터리가 필요하지 않을 것이다.

우리말 뜻을 참고하여 영어로 표현하세요.

응용

① 너는 새 핸드폰이 필요할 것이다.
cellphone

② 너는 새 컴퓨터가 필요할 것이다.
computer

③ 너는 새 태블릿 PC가 필요할 것이다.
tablet

④ 너는 새 노트북컴퓨터가 필요할 것이다.
laptop

⑤ 너는 새 컴퓨터가 필요하지 않을 것이다.
computer

⑥ 너는 새 핸드폰이 필요하지 않을 것이다.
cellphone

⑦ 너는 새 노트북컴퓨터가 필요하지 않을 것이다.
laptop

⑧ 너는 새 태블릿 PC가 필요하지 않을 것이다.
tablet

낭·독·하·기 ☐☐☐☐☐ | 암·송·하·기 ○○○○○

  054

There will be *snow* tomorrow.
내일은 눈이 내릴 것이다.

There won't be *snow* tomorrow.
내일은 눈이 내리지 않을 것이다.

우리말 뜻을 참고하여 영어로 표현하세요.

① 내일은 폭우가 내릴 것이다.
heavy rain

② 내일은 소나기가 내릴 것이다.
showers

③ 내일은 가랑비가 내릴 것이다.
drizzle

④ 내일은 비가 내릴 것이다.
rain

⑤ 내일은 가랑비가 내리지 않을 것이다.
drizzle

⑥ 내일은 소나기가 내리지 않을 것이다.
showers

⑦ 내일은 비가 내리지 않을 것이다.
rain

⑧ 내일은 폭우가 내리지 않을 것이다.
heavy rain

055

She'll play *the flute*.
그녀는 플루트를 연주할 것이다.

She won't play *the flute*.
그녀는 플루트를 연주하지 않을 것이다.

우리말 뜻을 참고하여 영어로 표현하세요.

① 그녀는 첼로를 연주할 것이다.
the cello
_____

② 그녀는 피아노를 연주할 것이다.
the piano
_____

③ 그녀는 바이올린을 연주할 것이다.
the violin
_____

④ 그녀는 실로폰을 연주할 것이다.
the xylophone
_____

⑤ 그녀는 피아노를 연주하지 않을 것이다.
the piano
_____

⑥ 그녀는 첼로를 연주하지 않을 것이다.
the cello
_____

⑦ 그녀는 실로폰을 연주하지 않을 것이다.
the xylophone
_____

⑧ 그녀는 바이올린을 연주하지 않을 것이다.
the violin
_____

● will은 'll로 축약해서 쓰기도 해요.

낭·독·하·기 ☐☐☐☐☐ 암·송·하·기 ○○○○○

 056

She will play the flute one more time.
그녀는 플루트를 한 번 더 연주할 것이다.

Will she play the flute one more time?
그녀는 플루트를 한 번 더 연주할 거니?

우리말 뜻을 참고하여 영어로 표현하세요.

① 줄리아는 플루트를 한 번 더 연주할 것이다.
Julia _____

② 그는 플루트를 한 번 더 연주할 것이다.
He _____

③ 그녀의 고모는 플루트를 한 번 더 연주할 것이다.
Her aunt _____

④ 그의 사촌은 플루트를 한 번 더 연주할 것이다.
His cousin _____

⑤ 그는 플루트를 한 번 더 연주할 거니?
_____ he _____

⑥ 줄리아는 플루트를 한 번 더 연주할 거니?
_____ Julia _____

⑦ 그녀의 고모는 플루트를 한 번 더 연주할 거니?
_____ her aunt _____

⑧ 그의 사촌은 플루트를 한 번 더 연주할 거니?
_____ his cousin _____

🌸 one more time 한 번 더

His friend will help him.
그의 친구가 그를 도와줄 것이다.

His friend won't help him.
그의 친구는 그를 도와주지 않을 것이다.

우리말 뜻을 참고하여 영어로 표현하세요.

① 그의 형이 그를 도와줄 것이다.
His brother

② 내가 그를 도와줄 것이다.
I

③ 그레이스가 그를 도와줄 것이다.
Grace

④ 그녀가 그를 도와줄 것이다.
She

⑤ 그레이스는 그를 도와주지 않을 것이다.
Grace

⑥ 그의 형은 그를 도와주지 않을 것이다.
His brother

⑦ 그녀는 그를 도와주지 않을 것이다.
She

⑧ 나는 그를 도와주지 않을 것이다.
I

His friend will help him with *math*.
그의 친구가 수학에 관해 그를 도와줄 것이다.

Will his friend help him with *math*?
그의 친구가 수학에 관해 그를 도와줄까?

우리말 뜻을 참고하여 영어로 표현하세요.

1 그의 친구가 숙제에 관해 그를 도와줄 것이다.
his homework

2 그의 친구가 그 문제에 관해 그를 도와줄 것이다.
the problem

3 그의 친구가 과학에 관해 그를 도와줄 것이다.
science

4 그의 친구가 영어 문법에 관해 그를 도와줄 것이다.
English grammar

5 그의 친구는 과학에 관해 그를 도와줄까?
science

6 그의 친구는 숙제에 관해 그를 도와줄까?
his homework

7 그의 친구는 그 문제에 관해 그를 도와줄까?
the problem

8 그의 친구는 영어 문법에 관해 그를 도와줄까?
English grammar

● help A with B B에 관해 A를 도와주다

She'll buy *apples*.
그녀는 사과를 살 것이다.

She won't buy *apples*.
그녀는 사과를 사지 않을 것이다.

우리말 뜻을 참고하여 영어로 표현하세요.

① 그녀는 딸기를 살 것이다.
strawberries

② 그녀는 토마토를 살 것이다.
tomatoes

③ 그녀는 당근을 살 것이다.
carrots

④ 그녀는 오렌지를 살 것이다.
oranges

⑤ 그녀는 토마토를 사지 않을 것이다.
tomatoes

⑥ 그녀는 당근을 사지 않을 것이다.
carrots

⑦ 그녀는 딸기를 사지 않을 것이다.
strawberries

⑧ 그녀는 오렌지를 사지 않을 것이다.
oranges

She will buy fresh apples at the grocery store.
그녀는 식료품 가게에서 신선한 사과를 살 것이다.

Will she buy fresh apples at the grocery store?
그녀는 식료품 가게에서 신선한 사과를 살 거니?

우리말 뜻을 참고하여 영어로 표현하세요.

 일치

① 그녀의 어머니는 식료품 가게에서 신선한 사과를 살 것이다.
Her mother _____

② 그녀의 이모는 식료품 가게에서 신선한 사과를 살 것이다.
Her aunt _____

③ 그들은 식료품 가게에서 신선한 사과를 살 것이다.
They _____

④ 제니퍼는 식료품 가게에서 신선한 사과를 살 것이다.
Jennifer _____

 의문

⑤ 그들은 식료품 가게에서 신선한 사과를 살 거니?
they _____

⑥ 그녀의 어머니는 식료품 가게에서 신선한 사과를 살 거니?
her mother _____

⑦ 그녀의 이모는 식료품 가게에서 신선한 사과를 살 거니?
her aunt _____

⑧ 제니퍼는 식료품 가게에서 신선한 사과를 살 거니?
Jennifer _____

061

The project will take a long time.
그 프로젝트는 시간이 오래 걸릴 것이다.

The project won't take a long time.
그 프로젝트는 시간이 오래 걸리지 않을 것이다.

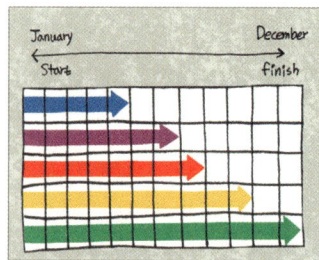

우리말 뜻을 참고하여 영어로 표현하세요.

① 그 일은 시간이 오래 걸릴 것이다.
The job

② 이건 시간이 오래 걸릴 것이다.
This

③ 그건 시간이 오래 걸릴 것이다.
It

④ 그것들은 시간이 오래 걸릴 것이다.
They

⑤ 이건 시간이 오래 걸리지 않을 것이다.
This

⑥ 그 일은 시간이 오래 걸리지 않을 것이다.
The job

⑦ 그것들은 시간이 오래 걸리지 않을 것이다.
They

⑧ 그건 시간이 오래 걸리지 않을 것이다.
It

※ job은 '직업' 말고 '일'이라는 뜻으로도 쓰여요. • take a long time 오래 걸리다

Review

049 - 061 그림을 보고 영어로 말해 보세요.

Review

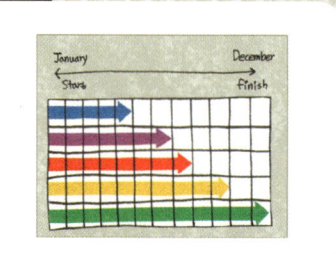

UNIT 05

미래 be going to

시작 □ 월 □ 일 □ :
마침 □ 월 □ 일 □ :

☆ **I am going to have** *a hamburger.*
나는 햄버거를 먹을 것이다.
am[is/are] going to는 '…할 것이다'라는 뜻으로 미래를 나타내며, 동사원형 앞에 씁니다.

☆ **Are** *you* **going to have** *a hamburger*?
너는 햄버거를 먹을 거니?

I am not going to have *a hamburger.*
나는 햄버거를 먹지 않을 것이다.
의문문은 「Is[Are]+주어+going to+동사원형 ~?」의 순으로 쓰며, 부정문으로 만들 때는 be동사 다음에 not을 쓰면 됩니다.

 will과 be going to는 어떤 차이가 있나요?
will은 일어날 일에 대한 막연한 추측인 반면, be going to는 이미 결정한 미래의 일이거나 근거가 있는 추측일 때 써요.

062

We're going to move *the furniture*.
우리는 가구를 옮길 것이다.

We're not going to move *the furniture*.
우리는 가구를 옮기지 않을 것이다.

우리말 뜻을 참고하여 영어로 표현하세요.

① 우리는 탁자를 옮길 것이다.
the table

② 우리는 식탁을 옮길 것이다.
the dining table

③ 우리는 소파를 옮길 것이다.
the couch

④ 우리는 침대를 옮길 것이다.
the bed

⑤ 우리는 소파를 옮기지 않을 것이다.
the couch

⑥ 우리는 침대를 옮기지 않을 것이다.
the bed

⑦ 우리는 탁자를 옮기지 않을 것이다.
the table

⑧ 우리는 식탁을 옮기지 않을 것이다.
the dining table

낭·독·하·기 ☐☐☐☐☐ 암·송·하·기 ○○○○○ 063

Bill is going to have his hair cut.
빌은 머리를 깎을 것이다.

Is Bill going to have his hair cut?
빌은 머리를 깎을 거니?

우리말 뜻을 참고하여 영어로 표현하세요.

1 그의 남동생은 머리를 깎을 것이다.
　His little brother

2 그의 형은 머리를 깎을 것이다.
　His older brother

3 그는 머리를 깎을 것이다.
　He

4 이안은 머리를 깎을 것이다.
　Ian

5 이안은 머리를 깎을 거니?
　Ian

6 그의 남동생은 머리를 깎을 거니?
　his little brother

7 그의 형은 머리를 깎을 거니?
　his older brother

8 그는 머리를 깎을 거니?
　he

● have one's hair cut 머리를 깎다

064

I'm going to watch **the baseball** game.
나는 야구 경기를 볼 것이다.

I'm not going to watch **the baseball** game.
나는 야구 경기를 보지 않을 것이다.

우리말 뜻을 참고하여 영어로 표현하세요.

① 나는 축구 경기를 볼 것이다.
the soccer

② 나는 농구 경기를 볼 것이다.
the basketball

③ 나는 배구 경기를 볼 것이다.
the volleyball

④ 나는 테니스 경기를 볼 것이다.
the tennis

⑤ 나는 농구 경기를 보지 않을 것이다.
the basketball

⑥ 나는 축구 경기를 보지 않을 것이다.
the soccer

⑦ 나는 테니스 경기를 보지 않을 것이다.
the tennis

⑧ 나는 배구 경기를 보지 않을 것이다.
the volleyball

낭·독·하·기 ▫▫▫▫▫ 암·송·하·기 ○○○○○

He is going to watch the baseball game on TV. 그는 텔레비전으로 야구 경기를 볼 것이다.

Is he going to watch the baseball game on TV? 그는 텔레비전으로 야구 경기를 볼 거니?

우리말 뜻을 참고하여 영어로 표현하세요.

일치

① 그의 가족은 텔레비전으로 야구 경기를 볼 것이다.
His family

② 그의 친구들은 텔레비전으로 야구 경기를 볼 것이다.
His friends

③ 마이클은 텔레비전으로 야구 경기를 볼 것이다.
Michael

④ 그들은 텔레비전으로 야구 경기를 볼 것이다.
They

의문

⑤ 마이클은 텔레비전으로 야구 경기를 볼 거니?
Michael

⑥ 그들은 텔레비전으로 야구 경기를 볼 거니?
they

⑦ 그의 가족은 텔레비전으로 야구 경기를 볼 거니?
his family

⑧ 그의 친구들은 텔레비전으로 야구 경기를 볼 거니?
his friends

● on TV 텔레비전으로

I am going to buy a T-shirt.
나는 티셔츠를 살 것이다.

I am not going to buy a T-shirt.
나는 티셔츠를 사지 않을 것이다.

우리말 뜻을 참고하여 영어로 표현하세요.

① 루시는 티셔츠를 살 것이다.
Lucy

② 내 친구는 티셔츠를 살 것이다.
My friend

③ 그는 티셔츠를 살 것이다.
He

④ 그녀는 티셔츠를 살 것이다.
She

⑤ 그는 티셔츠를 사지 않을 것이다.
He

⑥ 그녀는 티셔츠를 사지 않을 것이다.
She

⑦ 내 친구는 티셔츠를 사지 않을 것이다.
My friend

⑧ 루시는 티셔츠를 사지 않을 것이다.
Lucy

낭·독·하·기 ☐☐☐☐☐ 암·송·하·기 ○○○○○

***They are going to lose** this game.*
그들은 이 경기를 질 것이다.

***They are not going to lose** this game.*
그들은 이 경기를 지지 않을 것이다.

우리말 뜻을 참고하여 영어로 표현하세요.

일치

① 그녀는 이 경기를 질 것이다.
She _____

② 마이클은 이 경기를 질 것이다.
Michael _____

③ 우리 팀은 이 경기를 질 것이다.
Our team _____

④ 너는 이 경기를 질 것이다.
You _____

부정

⑤ 우리 팀은 이 경기를 지지 않을 것이다.
Our team _____

⑥ 너는 이 경기를 지지 않을 것이다.
You _____

⑦ 마이클은 이 경기를 지지 않을 것이다.
Michael _____

⑧ 그녀는 이 경기를 지지 않을 것이다.
She _____

068

They're going to have *dinner*.
그들은 저녁을 먹을 것이다.

They're not going to have *dinner*.
그들은 저녁을 먹지 않을 것이다.

우리말 뜻을 참고하여 영어로 표현하세요.

① 그들은 아침을 먹을 것이다.
breakfast

② 그들은 점심을 먹을 것이다.
lunch

③ 그들은 간식을 먹을 것이다.
snacks

④ 그들은 국수를 먹을 것이다.
noodles

⑤ 그들은 간식을 먹지 않을 것이다.
snacks

⑥ 그들은 아침을 먹지 않을 것이다.
breakfast

⑦ 그들은 국수를 먹지 않을 것이다.
noodles

⑧ 그들은 점심을 먹지 않을 것이다.
lunch

낭·독·하·기 ☐☐☐☐☐ 암·송·하·기 ○○○○○

They are going to have dinner in a fancy restaurant.
그들은 근사한 식당에서 저녁을 먹을 것이다.

Are they going to have dinner in a fancy restaurant?
그들은 근사한 식당에서 저녁을 먹을 거니?

우리말 뜻을 참고하여 영어로 표현하세요.

 일치

① 이안네 가족은 근사한 식당에서 저녁을 먹을 것이다.
Ian's family

② 그의 부모님들은 근사한 식당에서 저녁을 먹을 것이다.
His parents

③ 그녀와 제이슨은 근사한 식당에서 저녁을 먹을 것이다.
She and Jason

④ 그 커플은 근사한 식당에서 저녁을 먹을 것이다.
The couple

의문

⑤ 그녀와 제이슨은 근사한 식당에서 저녁을 먹을 거니?
she and Jason

⑥ 그의 부모님들은 근사한 식당에서 저녁을 먹을 거니?
his parents

⑦ 이안네 가족은 근사한 식당에서 저녁을 먹을 거니?
Ian's family

⑧ 그 커플은 근사한 식당에서 저녁을 먹을 거니?
the couple

✿ fancy 화려한, 근사한

She is going to try that dance.
그녀는 그 춤을 한번 춰 볼 것이다.

Is she going to try that dance?
그녀는 그 춤을 한번 춰 볼 거니?

우리말 뜻을 참고하여 영어로 표현하세요.

① 그레이스는 그 춤을 한번 춰 볼 것이다.
Grace

② 그녀의 친구들은 그 춤을 한번 춰 볼 것이다.
Her friends

③ 그레이스와 빌은 그 춤을 한번 춰 볼 것이다.
Grace and Bill

④ 그들은 그 춤을 한번 춰 볼 것이다.
They

⑤ 그들은 그 춤을 한번 춰 볼 거니?
they

⑥ 그레이스는 그 춤을 한번 춰 볼 거니?
Grace

⑦ 그녀의 친구들은 그 춤을 한번 춰 볼 거니?
her friends

⑧ 그레이스와 빌은 그 춤을 한번 춰 볼 거니?
Grace and Bill

The backpack is going to be expensive.
그 배낭은 비쌀 것이다.

The backpack is not going to be expensive.
그 배낭은 비싸지 않을 것이다.

우리말 뜻을 참고하여 영어로 표현하세요.

1 그 자전거는 비쌀 것이다.
The bike

2 그 운동화는 비쌀 것이다.
The sneakers

3 그 옷장은 비쌀 것이다.
The wardrobe

4 그 스마트 시계는 비쌀 것이다.
The smart watch

5 그 옷장은 비싸지 않을 것이다.
The wardrobe

6 그 자전거는 비싸지 않을 것이다.
The bike

7 그 운동화는 비싸지 않을 것이다.
The sneakers

8 그 스마트 시계는 비싸지 않을 것이다.
The smart watch

It's going to *rain*.
비가 올 것이다.

It's not going to *rain*.
비가 오지 않을 것이다.

우리말 뜻을 참고하여 영어로 표현하세요.

① 눈이 올 것이다.
snow

② 흐릴 것이다.
be cloudy

③ 화창할 것이다.
be sunny

④ 추울 것이다.
be cold

⑤ 흐리지 않을 것이다.
be cloudy

⑥ 춥지 않을 것이다.
be cold

⑦ 눈이 오지 않을 것이다.
snow

⑧ 화창하지 않을 것이다.
be sunny

It's going to rain *tomorrow*.
내일 비가 올 것이다.

Is it going to rain *tomorrow*?
내일 비가 올까?

우리말 뜻을 참고하여 영어로 표현하세요.

1. 이번 주말에 비가 올 것이다.
   this weekend

2. 내일 아침 비가 올 것이다.
   tomorrow morning

3. 오늘밤 비가 올 것이다.
   tonight

4. 오후 내내 비가 올 것이다.
   all afternoon

5. 내일 아침 비가 올까?
   tomorrow morning

6. 오후 내내 비가 올까?
   all afternoon

7. 오늘밤 비가 올까?
   tonight

8. 이번 주말에 비가 올까?
   this weekend

Ian is going to share his snack.
이안은 그의 간식을 나눠 먹을 것이다.

Is Ian going to share his snack?
이안은 그의 간식을 나눠 먹을까?

우리말 뜻을 참고하여 영어로 표현하세요.

① 그녀의 오빠는 그의 간식을 나눠 먹을 것이다.
Her brother

② 그의 아버지는 그의 간식을 나눠 먹을 것이다.
His father

③ 그는 그의 간식을 나눠 먹을 것이다.
He

④ 제이슨은 그의 간식을 나눠 먹을 것이다.
Jason

⑤ 그는 간식을 나눠 먹을까?
he

⑥ 그녀의 오빠는 간식을 나눠 먹을까?
her brother

⑦ 그의 아버지는 간식을 나눠 먹을까?
his father

⑧ 제이슨은 간식을 나눠 먹을까?
Jason

Ian is going to share his snack with *us*.
이안은 그의 간식을 우리와 나눠 먹을 것이다.

Ian isn't going to share his snack with *us*.
이안은 그의 간식을 우리와 나눠 먹지 않을 것이다.

우리말 뜻을 참고하여 영어로 표현하세요.

① 이안은 그의 간식을 나와 나눠 먹을 것이다.
me

② 이안은 그의 간식을 그녀와 나눠 먹을 것이다.
her

③ 이안은 그의 간식을 친구들과 나눠 먹을 것이다.
his friends

④ 이안은 그의 간식을 마이클과 나눠 먹을 것이다.
Michael

⑤ 이안은 그의 간식을 친구들과 나눠 먹지 않을 것이다.
his friends

⑥ 이안은 그의 간식을 나와 나눠 먹지 않을 것이다.
me

⑦ 이안은 그의 간식을 그녀와 나눠 먹지 않을 것이다.
her

⑧ 이안은 그의 간식을 마이클과 나눠 먹지 않을 것이다.
Michael

My sister is going to be pleased.
우리 언니는 기뻐할 것이다.

My sister is not going to be pleased.
우리 언니는 기뻐하지 않을 것이다.

우리말 뜻을 참고하여 영어로 표현하세요.

① 그녀는 기뻐할 것이다.
She

② 우리 아버지는 기뻐할 것이다.
My father

③ 우리 부모님은 기뻐할 것이다.
My parents

④ 그들은 기뻐할 것이다.
They

⑤ 우리 아버지는 기뻐하지 않을 것이다.
My father

⑥ 우리 부모님은 기뻐하지 않을 것이다.
My parents

⑦ 그들은 기뻐하지 않을 것이다.
They

⑧ 그녀는 기뻐하지 않을 것이다.
She

Review

062 - 076 그림을 보고 영어로 말해 보세요.

062

063

064

065

066

067

068

069

070

Review

071

072

073

074

075

076

UNIT 06
현재진행형

시작 　월　 　일　 　：　
마침 　월　 　일　 　：　

☆ *He* **is writing** *a letter.* 그는 편지를 쓰고 있다.

'…하고 있다', '…하는 중이다'와 같이 지금 일어나고 있는 일이나 행동을 나타낼 때 「be동사+-ing」 표현을 사용합니다.

☆ *She* **isn't writing** *a letter.* 그녀는 편지를 쓰고 있지 않다.
Are *you* **writing** *a letter*? 너는 편지를 쓰고 있니?

현재진행형의 부정문을 만들 때는 be동사 am, is, are 다음에 not을 붙여 줍니다.
현재진행형의 의문문은 be동사를 문장 맨 앞에 써서 「Am[Is/Are]+주어+-ing ~?」의 순이 됩니다.

I'm studying *math*.
나는 수학을 공부하고 있다.

I'm not studying *math*.
나는 수학을 공부하고 있지 않다.

우리말 뜻을 참고하여 영어로 표현하세요.

① 나는 영어를 공부하고 있다.
English

② 나는 영어 문법을 공부하고 있다.
English grammar

③ 나는 역사를 공부하고 있다.
history

④ 나는 과학을 공부하고 있다.
science

⑤ 나는 영어 문법을 공부하고 있지 않다.
English grammar

⑥ 나는 과학을 공부하고 있지 않다.
science

⑦ 나는 역사를 공부하고 있지 않다.
history

⑧ 나는 영어를 공부하고 있지 않다.
English

낭·독·하·기 ☐☐☐☐☐ 암·송·하·기 ○○○○○ 078

He is climbing the stairs.
그는 계단을 올라가고 있다.

Is he climbing the stairs?
그는 계단을 올라가고 있니?

우리말 뜻을 참고하여 영어로 표현하세요.

1 아빠가 계단을 올라가고 있다.
Dad

2 그의 할머니가 계단을 올라가고 있다.
His grandma

3 그녀는 계단을 올라가고 있다.
She

4 그들은 계단을 올라가고 있다.
They

5 그의 할머니는 계단을 올라가고 있니?
his grandma

6 그녀는 계단을 올라가고 있니?
she

7 그들은 계단을 올라가고 있니?
they

8 아빠가 계단을 올라가고 있니?
Dad

She is cleaning the floor.
그녀는 바닥을 청소하고 있다.

She is not cleaning the floor.
그녀는 바닥을 청소하고 있지 않다.

우리말 뜻을 참고하여 영어로 표현하세요.

① 내 친구는 바닥을 청소하고 있다.
My friend _____

② 내 친구들은 바닥을 청소하고 있다.
My friends _____

③ 줄리아는 바닥을 청소하고 있다.
Julia _____

④ 우리는 바닥을 청소하고 있다.
We _____

⑤ 내 친구들은 바닥을 청소하고 있지 않다.
My friends _____

⑥ 줄리아는 바닥을 청소하고 있지 않다.
Julia _____

⑦ 우리는 바닥을 청소하고 있지 않다.
We _____

⑧ 내 친구는 바닥을 청소하고 있지 않다.
My friend _____

낭·독·하·기 ☐☐☐☐☐ 암·송·하·기 ○○○○○

She is cleaning the floor with *a mop*.
그녀는 대걸레로 바닥을 청소하고 있다.

Is she cleaning the floor with *a mop*?
그녀는 대걸레로 바닥을 청소하고 있니?

우리말 뜻을 참고하여 영어로 표현하세요.

1 그녀는 빗자루로 바닥을 청소하고 있다.
a broom

2 그녀는 진공청소기로 바닥을 청소하고 있다.
a vacuum

3 그녀는 언니와 바닥을 청소하고 있다.
her sister

4 그녀는 아빠와 바닥을 청소하고 있다.
her dad

5 그녀는 언니와 바닥을 청소하고 있니?
her sister

6 그녀는 빗자루로 바닥을 청소하고 있니?
a broom

7 그녀는 아빠와 바닥을 청소하고 있니?
her dad

8 그녀는 진공청소기로 바닥을 청소하고 있니?
a vacuum

● with+사람 …와 • with+도구 …로

081

Michael is sleeping *downstairs*.
마이클은 아래층에서 자고 있다.

Is Michael sleeping *downstairs*?
마이클은 아래층에서 자고 있니?

우리말 뜻을 참고하여 영어로 표현하세요.

① 마이클은 침대에서 자고 있다.
in the bed

② 마이클은 소파에서 자고 있다.
on the couch

③ 마이클은 거실에서 자고 있다.
in the living room

④ 마이클은 위층에서 자고 있다.
upstairs

⑤ 마이클은 소파에서 자고 있니?
on the couch

⑥ 마이클은 위층에서 자고 있니?
upstairs

⑦ 마이클은 침대에서 자고 있니?
in the bed

⑧ 마이클은 거실에서 자고 있니?
in the living room

I am staying home today.
나는 오늘 집에 있다.

I am not staying home today.
나는 오늘 집에 없다.

우리말 뜻을 참고하여 영어로 표현하세요.

① 그레이스는 오늘 집에 있다.
Grace

② 내 친구들은 오늘 집에 있다.
My friends

③ 우리 아빠는 오늘 집에 있다.
My dad

④ 우리는 오늘 집에 있다.
We

⑤ 내 친구들은 오늘 집에 없다.
My friends

⑥ 우리 아빠는 오늘 집에 없다.
My dad

⑦ 우리는 오늘 집에 없다.
We

⑧ 그레이스는 오늘 집에 없다.
Grace

● home 집에 (home은 '집'이라는 뜻과 '집에'라는 뜻 두가지가 있어요.)

A boy is giving a presentation.
한 남자아이가 발표를 하고 있다.

A boy is not giving a presentation.
한 남자아이가 발표를 하고 있지 않다.

우리말 뜻을 참고하여 영어로 표현하세요.

① 한 여자아이가 발표를 하고 있다.
A girl

② 학생들이 발표를 하고 있다.
The students

③ 우리 누나가 발표를 하고 있다.
My sister

④ 그들이 발표를 하고 있다.
They

⑤ 우리 누나는 발표를 하고 있지 않다.
My sister

⑥ 그들은 발표를 하고 있지 않다.
They

⑦ 학생들이 발표를 하고 있지 않다.
The students

⑧ 한 여자아이가 발표를 하고 있지 않다.
A girl

● give a presentation 발표하다

낭·독·하·기 ☐☐☐☐☐ 암·송·하·기 ○○○○○

A boy is giving a presentation in class.
한 남자아이가 수업 중에 발표를 하고 있다.

Is a boy giving a presentation in class?
한 남자아이가 수업 중에 발표를 하고 있니?

우리말 뜻을 참고하여 영어로 표현하세요.

일치

① 학생들이 수업 중에 발표를 하고 있다.
The students

② 제이슨이 수업 중에 발표를 하고 있다.
Jason

③ 그가 수업 중에 발표를 하고 있다.
He

④ 그녀의 여동생이 수업 중에 발표를 하고 있다.
Her sister

의문

⑤ 제이슨이 수업 중에 발표를 하고 있니?
Jason

⑥ 그녀의 여동생이 수업 중에 발표를 하고 있니?
her sister

⑦ 학생들이 수업 중에 발표를 하고 있니?
the students

⑧ 그가 수업 중에 발표를 하고 있니?
he

Julia is chatting with her friends.
줄리아는 그녀의 친구들과 수다를 떨고 있다.

Julia is not chatting with her friends.
줄리아는 그녀의 친구들과 수다를 떨고 있지 않다.

우리말 뜻을 참고하여 영어로 표현하세요.

① 우리 언니는 그녀의 친구들과 수다를 떨고 있다.
My sister

② 그의 엄마는 그녀의 친구들과 수다를 떨고 있다.
His mom

③ 제니퍼는 그녀의 친구들과 수다를 떨고 있다.
Jennifer

④ 그녀는 그녀의 친구들과 수다를 떨고 있다.
She

⑤ 제니퍼는 친구들과 수다를 떨고 있지 않다.
Jennifer

⑥ 그의 엄마는 친구들과 수다를 떨고 있지 않다.
His mom

⑦ 그녀는 친구들과 수다를 떨고 있지 않다.
She

⑧ 우리 언니는 그녀의 친구들과 수다를 떨고 있지 않다.
My sister

Julia is chatting with her friends at *Mcdonald's*.
줄리아는 맥도널드에서 그녀의 친구들과 수다를 떨고 있다.

Is Julia chatting with her friends at *Mcdonald's*?
줄리아는 맥도널드에서 그녀의 친구들과 수다를 떨고 있니?

우리말 뜻을 참고하여 영어로 표현하세요.

① 줄리아는 버스 정류장에서 그녀의 친구들과 수다를 떨고 있다.
the bus stop

② 줄리아는 집에서 그녀의 친구들과 수다를 떨고 있다.
home

③ 줄리아는 카페에서 그녀의 친구들과 수다를 떨고 있다.
the cafe

④ 줄리아는 빵집에서 그녀의 친구들과 수다를 떨고 있다.
the bakery

⑤ 줄리아는 빵집에서 그녀의 친구들과 수다를 떨고 있니?
the bakery

⑥ 줄리아는 버스 정류장에서 그녀의 친구들과 수다를 떨고 있니?
the bus stop

⑦ 줄리아는 카페에서 그녀의 친구들과 수다를 떨고 있니?
the cafe

⑧ 줄리아는 집에서 그녀의 친구들과 수다를 떨고 있니?
home

087

He's looking for the lost *key*.
그는 잃어버린 열쇠를 찾고 있다.

Is he looking for the lost *key*?
그는 잃어버린 열쇠를 찾고 있니?

우리말 뜻을 참고하여 영어로 표현하세요.

1 그는 잃어버린 가방을 찾고 있다.
bag

2 그는 잃어버린 장난감을 찾고 있다.
toy

3 그는 잃어버린 여권을 찾고 있다.
passport

4 그는 잃어버린 이어폰을 찾고 있다.
earphone

5 그는 잃어버린 이어폰을 찾고 있니?
earphone

6 그는 잃어버린 가방을 찾고 있니?
bag

7 그는 잃어버린 여권을 찾고 있니?
passport

8 그는 잃어버린 장난감을 찾고 있니?
toy

● lost 잃어버린

낭·독·하·기 ☐☐☐☐☐ | 암·송·하·기 ○○○○○

She is swimming in the pool.
그녀는 수영장에서 수영을 하고 있다.

Is she swimming in the pool?
그녀는 수영장에서 수영을 하고 있니?

우리말 뜻을 참고하여 영어로 표현하세요.

① 마이클은 수영장에서 수영을 하고 있다.
Michael

② 그는 수영장에서 수영을 하고 있다.
He

③ 그의 친구들은 수영장에서 수영을 하고 있다.
His friends

④ 그들은 수영장에서 수영을 하고 있다.
They

⑤ 그는 수영장에서 수영을 하고 있니?
he

⑥ 마이클은 수영장에서 수영을 하고 있니?
Michael

⑦ 그들은 수영장에서 수영을 하고 있니?
they

⑧ 그의 친구들은 수영장에서 수영을 하고 있니?
his friends

089

He is playing free games.
그는 무료 게임들을 하고 있다.

Is he playing free games?
그는 무료 게임들을 하고 있니?

우리말 뜻을 참고하여 영어로 표현하세요.

① 그의 친구는 무료 게임들을 하고 있다.
His friend

② 이안은 무료 게임들을 하고 있다.
Ian

③ 그의 친구들은 무료 게임들을 하고 있다.
His friends

④ 그들은 무료 게임들을 하고 있다.
They

⑤ 그의 친구는 무료 게임들을 하고 있니?
his friend

⑥ 그의 친구들은 무료 게임들을 하고 있니?
his friends

⑦ 그들은 무료 게임들을 하고 있니?
they

⑧ 이안은 무료 게임들을 하고 있니?
Ian

낭·독·하·기 ☐☐☐☐ 암·송·하·기 ○○○○○

He's playing free games *on the cellphone*.
그는 핸드폰으로 무료 게임들을 하고 있다.

He's not playing free games *on the cellphone*.
그는 핸드폰으로 무료 게임들을 하고 있지 않다.

우리말 뜻을 참고하여 영어로 표현하세요.

① 그는 컴퓨터로 무료 게임들을 하고 있다.
on the computer

② 그는 존과 무료 게임들을 하고 있다.
with John

③ 그는 그의 친구들과 무료 게임들을 하고 있다.
with his friends

④ 그는 스마트폰으로 무료 게임들을 하고 있다.
on the smartphone

⑤ 그는 존과 무료 게임들을 하고 있지 않다.
with John

⑥ 그는 컴퓨터로 무료 게임들을 하고 있지 않다.
on the computer

⑦ 그는 그의 친구들과 무료 게임들을 하고 있지 않다.
with his friends

⑧ 그는 스마트폰으로 무료 게임들을 하고 있지 않다.
on the smartphone

● on …상에서

He's taking *guitar* lessons.
그는 기타 수업을 받고 있다.

Is he taking *guitar* lessons?
그는 기타 수업을 받고 있니?

우리말 뜻을 참고하여 영어로 표현하세요.

1 그는 피아노 수업을 받고 있다.
piano

2 그는 바이올린 수업을 받고 있다.
violin

3 그는 테니스 수업을 받고 있다.
tennis

4 그는 골프 수업을 받고 있다.
golf

5 그는 바이올린 수업을 받고 있니?
violin

6 그는 피아노 수업을 받고 있니?
piano

7 그는 골프 수업을 받고 있니?
golf

8 그는 테니스 수업을 받고 있니?
tennis

● take lessons 수업을 받다

She is drinking *milk*.
그녀는 우유를 마시고 있다.

Is she drinking *milk*?
그녀는 우유를 마시고 있니?

우리말 뜻을 참고하여 영어로 표현하세요.

① 그녀는 탄산음료를 마시고 있다.
   soda

② 그녀는 오렌지 주스를 마시고 있다.
   orange juice

③ 그녀는 커피를 마시고 있다.
   coffee

④ 그녀는 녹차를 마시고 있다.
   green tea

⑤ 그녀는 오렌지 주스를 마시고 있니?
   orange juice

⑥ 그녀는 탄산음료를 마시고 있니?
   soda

⑦ 그녀는 녹차를 마시고 있니?
   green tea

⑧ 그녀는 커피를 마시고 있니?
   coffee

Review

077-092 그림을 보고 영어로 말해 보세요.

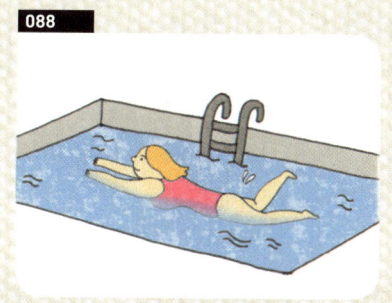

Preview
Unit 07

과거를 나타내는 표현들을 알아봅시다.

❶ last ~
  last night 어젯밤
  last month 지난달
  last year 작년

❷ ~ ago
  a few minutes ago 몇 분 전에
  two days ago 이틀 전에
  three years ago 3년 전에

❸ 그 외의 부사(구)
  yesterday 어제
  the day before yesterday 그저께
  정확한 과거 시각 (ex. at 3:20 this afternoon 오늘 오후 3시 20분에)
  when 언제
  then 그때
  once 이전에, 한 번

UNIT 07 과거진행형

시작 □□월 □□일 □□:□□
마침 □□월 □□일 □□:□□

☆ ***I was sleeping*** *last night.* 어젯밤에 나는 자고 있었다.

과거에 진행된 일이나 동작을 나타낼 때는 「주어+was[were]+-ing」로 씁니다.

☆ ***He wasn't sleeping*** *last night.*
어젯밤에 그는 자고 있지 않았다.

Were you sleeping *last night*?
어젯밤에 너는 자고 있었니?

과거진행형의 부정문을 만들 때는 be동사의 과거형 즉 was, were 다음에 not을 붙여 줍니다.
과거진행형의 의문문은 「Was[Were]+주어 +-ing ~?」순으로 씁니다.

093

He was walking home.
그는 집에 걸어가고 있었다.

Was he walking home?
그는 집에 걸어가고 있었니?

우리말 뜻을 참고하여 영어로 표현하세요.

일치

① 줄리아는 집에 걸어가고 있었다.
Julia

② 그녀는 집에 걸어가고 있었다.
She

③ 학생들이 집에 걸어가고 있었다.
The students

④ 그들은 집에 걸어가고 있었다.
They

⑤ 그녀는 집에 걸어가고 있었니?
she

⑥ 학생들은 집에 걸어가고 있었니?
the students

⑦ 그들은 집에 걸어가고 있었니?
they

⑧ 줄리아는 집에 걸어가고 있었니?
Julia

She was taking photos.
그녀는 사진을 찍고 있었다.

Was she taking photos?
그녀는 사진을 찍고 있었니?

우리말 뜻을 참고하여 영어로 표현하세요.

1 그는 사진을 찍고 있었다.
He

2 그들은 사진을 찍고 있었다.
They

3 한 관광객이 사진을 찍고 있었다.
A tourist

4 여자아이들이 사진을 찍고 있었다.
The girls

5 그가 사진을 찍고 있었니?
he

6 여자아이들이 사진을 찍고 있었니?
the girls

7 그들이 사진을 찍고 있었니?
they

8 한 관광객이 사진을 찍고 있었니?
a tourist

🌸 take photos 사진을 찍다

095

She was traveling through *Europe*.
그녀는 유럽을 두루 여행하고 있었다.

Was she traveling through *Europe*?
그녀는 유럽을 두루 여행하고 있었니?

우리말 뜻을 참고하여 영어로 표현하세요.

① 그녀는 미국을 두루 여행하고 있었다.
America

② 그녀는 캐나다를 두루 여행하고 있었다.
Canada

③ 그녀는 호주를 두루 여행하고 있었다.
Australia

④ 그녀는 중국을 두루 여행하고 있었다.
China

⑤ 그녀는 캐나다를 두루 여행하고 있었니?
Canada

⑥ 그녀는 호주를 두루 여행하고 있었니?
Australia

⑦ 그녀는 미국을 두루 여행하고 있었니?
America

⑧ 그녀는 중국을 두루 여행하고 있었니?
China

He was texting me.
그는 나에게 문자를 보내고 있었다.

Was he texting me?
그가 나에게 문자를 보내고 있었니?

우리말 뜻을 참고하여 영어로 표현하세요.

① 아빠는 나에게 문자를 보내고 있었다.
Dad

② 그들은 나에게 문자를 보내고 있었다.
They

③ 이안은 나에게 문자를 보내고 있었다.
Ian

④ 그녀는 나에게 문자를 보내고 있었다.
She

⑤ 아빠가 나에게 문자를 보내고 있었니?
Dad

⑥ 그들이 나에게 문자를 보내고 있었니?
they

⑦ 이안은 나에게 문자를 보내고 있었니?
Ian

⑧ 그녀는 나에게 문자를 보내고 있었니?
she

097

Bill was eating a cheeseburger.
빌은 치즈버거를 먹고 있었다.

Bill was not eating a cheeseburger.
빌은 치즈버거를 먹고 있지 않았다.

우리말 뜻을 참고하여 영어로 표현하세요.

일치

① 나는 치즈버거를 먹고 있었다.
   I

② 그는 치즈버거를 먹고 있었다.
   He

③ 우리는 치즈버거를 먹고 있었다.
   We

④ 우리 선생님은 치즈버거를 먹고 있었다.
   My teacher

부정

⑤ 그는 치즈버거를 먹고 있지 않았다.
   He

⑥ 나는 치즈버거를 먹고 있지 않았다.
   I

⑦ 우리 선생님은 치즈버거를 먹고 있지 않았다.
   My teacher

⑧ 우리는 치즈버거를 먹고 있지 않았다.
   We

Bill was eating a cheeseburger with *Coke*.
빌은 콜라와 함께 치즈버거를 먹고 있었다.

Was Bill eating a cheeseburger with *Coke*?
빌은 콜라와 함께 치즈버거를 먹고 있었니?

우리말 뜻을 참고하여 영어로 표현하세요.

① 빌은 탄산음료와 함께 치즈버거를 먹고 있었다.
soda

② 빌은 스무디와 함께 치즈버거를 먹고 있었다.
a smoothie

③ 빌은 커피와 함께 치즈버거를 먹고 있었다.
coffee

④ 빌은 아이스티와 함께 치즈버거를 먹고 있었다.
iced tea

⑤ 빌은 스무디와 함께 치즈버거를 먹고 있었니?
a smoothie

⑥ 빌은 탄산음료와 함께 치즈버거를 먹고 있었니?
soda

⑦ 빌은 아이스티와 함께 치즈버거를 먹고 있었니?
iced tea

⑧ 빌은 커피와 함께 치즈버거를 먹고 있었니?
coffee

My dad was growing *lettuce*.
우리 아빠는 상추를 기르고 있었다.

My dad wasn't growing *lettuce*.
우리 아빠는 상추를 기르고 있지 않았다.

우리말 뜻을 참고하여 영어로 표현하세요.

① 우리 아빠는 토마토를 기르고 있었다.
tomatoes

② 우리 아빠는 완두콩을 기르고 있었다.
peas

③ 우리 아빠는 시금치를 기르고 있었다.
spinach

④ 우리 아빠는 오이를 기르고 있었다.
cucumbers

⑤ 우리 아빠는 완두콩을 기르고 있지 않았다.
peas

⑥ 우리 아빠는 시금치를 기르고 있지 않았다.
spinach

⑦ 우리 아빠는 오이를 기르고 있지 않았다.
cucumbers

⑧ 우리 아빠는 토마토를 기르고 있지 않았다.
tomatoes

🌸 lettuce와 spinach는 셀 수 없는 명사예요.

Her dad was growing lettuce in the backyard.
그녀의 아빠는 뒤뜰에 상추를 기르고 있었다.

Was her dad growing lettuce in the backyard?
그녀의 아빠가 뒤뜰에 상추를 기르고 있었니?

우리말 뜻을 참고하여 영어로 표현하세요.

① 그는 뒤뜰에 상추를 기르고 있었다.
He _____

② 그들은 뒤뜰에 상추를 기르고 있었다.
They _____

③ 그녀는 뒤뜰에 상추를 기르고 있었다.
She _____

④ 그녀의 부모님은 뒤뜰에 상추를 기르고 있었다.
Her parents _____

⑤ 그녀의 부모님은 뒤뜰에 상추를 기르고 있었니?
her parents _____

⑥ 그는 뒤뜰에 상추를 기르고 있었니?
he _____

⑦ 그들은 뒤뜰에 상추를 기르고 있었니?
they _____

⑧ 그녀는 뒤뜰에 상추를 기르고 있었니?
she _____

Review

093-100 그림을 보고 영어로 말해 보세요.

UNIT 08
현재완료형

시작 ___월 ___일 ___:___
마침 ___월 ___일 ___:___

☆ ***I have left** my wallet on the bus.*
나는 지갑을 버스에 두고 내렸다. (지금 지갑이 없음)

「have[has]+과거분사」는 '~였다', '~했다', '~한 적이 있다'라는 뜻으로 과거에 일어난 일이 현재까지 영향을 미치고 있음을 나타냅니다.

☆ ***I haven't left** my wallet on the bus.*
나는 지갑을 버스에 두고 내리지 않았다.

***Have you left** your wallet on the bus?*
너는 지갑을 버스에 두고 내렸니?

현재완료형의 부정문을 만들 때는 have[has] 다음에 not 또는 never를 씁니다.
현재완료형의 의문문을 만들 때는 「Have[Has]+주어+과거분사 ~?」의 순으로 씁니다.

 broken, caught, run, put과 같이 불규칙하게 변하는 동사들의 과거분사를 잘 외워 둬야 해요.

I have met *that woman* before.
나는 그 여자를 이전에 만난 적이 있다.

I have not met *that woman* before.
나는 그 여자를 이전에 만난 적이 없다.

우리말 뜻을 참고하여 영어로 표현하세요.

① 나는 그 남자를 이전에 만난 적이 있다.
that man

② 나는 그 남자아이를 이전에 만난 적이 있다.
that boy

③ 나는 그 여자아이를 이전에 만난 적이 있다.
that girl

④ 나는 그 녀석을 이전에 만난 적이 있다.
that guy

⑤ 나는 그 남자아이를 이전에 만난 적이 없다.
that boy

⑥ 나는 그 남자를 이전에 만난 적이 없다.
that man

⑦ 나는 그 녀석을 이전에 만난 적이 없다.
that guy

⑧ 나는 그 여자아이를 이전에 만난 적이 없다.
that girl

🌸 before (과거의 어느 시점을 기준으로 하여) 이전에

낭·독·하·기 ☐☐☐☐☐ 암·송·하·기 ○○○○○

 102

I've been to *Tokyo*.
나는 도쿄에 가 본 적이 있다.

I've never been to *Tokyo*.
나는 도쿄에 한 번도 가 본 적이 없다.

우리말 뜻을 참고하여 영어로 표현하세요.

① 나는 북경에 가 본 적이 있다.
Beijing
----

② 나는 뉴욕에 가 본 적이 있다.
New York
----

③ 나는 라스베이거스에 가 본 적이 있다.
Las Vegas
----

④ 나는 방콕에 가 본 적이 있다.
Bangkok
----

⑤ 나는 뉴욕에 한 번도 가 본 적이 없다.
New York
----

⑥ 나는 북경에 한 번도 가 본 적이 없다.
Beijing
----

⑦ 나는 라스베이거스에 한 번도 가 본 적이 없다.
Las Vegas
----

⑧ 나는 방콕에 한 번도 가 본 적이 없다.
Bangkok

✹ have (not) been to …에 가 본 적이 있다(없다) • never 한 번도 … 않다

She has practiced the piano for an hour.
그녀는 한 시간째 피아노를 연습하고 있다.

Has she practiced the piano for an hour?
그녀는 한 시간째 피아노를 연습하고 있니?

우리말 뜻을 참고하여 영어로 표현하세요.

① 루시는 한 시간째 피아노를 연습하고 있다.
Lucy _____

② 그는 한 시간째 피아노를 연습하고 있다.
He _____

③ 그들은 한 시간째 피아노를 연습하고 있다.
They _____

④ 너는 한 시간째 피아노를 연습하고 있다.
You _____

⑤ 그는 한 시간째 피아노를 연습하고 있니?
he _____

⑥ 너는 한 시간째 피아노를 연습하고 있니?
you _____

⑦ 그들은 한 시간째 피아노를 연습하고 있니?
they _____

⑧ 루시는 한 시간째 피아노를 연습하고 있니?
Lucy _____

★ for+시간 …동안

She has had a cold for two weeks.
그녀는 2주째 감기에 걸렸다.

Has she had a cold for two weeks?
그녀는 2주째 감기에 걸렸니?

우리말 뜻을 참고하여 영어로 표현하세요.

① 그녀의 오빠는 2주째 감기에 걸렸다.
Her brother

② 그의 여동생은 2주째 감기에 걸렸다.
His sister

③ 그는 2주째 감기에 걸렸다.
He

④ 줄리아는 2주째 감기에 걸렸다.
Julia

⑤ 그는 2주째 감기에 걸렸니?
he

⑥ 줄리아는 2주째 감기에 걸렸니?
Julia

⑦ 그의 여동생은 2주째 감기에 걸렸니?
his sister

⑧ 그녀의 오빠는 2주째 감기에 걸렸니?
her brother

🌸 have a cold 감기에 걸리다

He has done his best so far.
그는 지금까지 최선을 다해왔다.

Has he done his best so far?
그는 지금까지 최선을 다해왔니?

우리말 뜻을 참고하여 영어로 표현하세요.

일치

① 우리 삼촌은 지금까지 최선을 다해왔다.
My uncle _____

② 그의 형은 지금까지 최선을 다해왔다.
His brother _____

③ 그녀의 아버지는 지금까지 최선을 다해왔다.
Her father _____

④ 제이슨은 지금까지 최선을 다해왔다.
Jason _____

의문

⑤ 그녀의 아버지는 지금까지 최선을 다해왔니?
_____ her father _____

⑥ 우리 삼촌은 지금까지 최선을 다해왔니?
_____ my uncle _____

⑦ 제이슨은 지금까지 최선을 다해왔니?
_____ Jason _____

⑧ 그의 형은 지금까지 최선을 다해왔니?
_____ his brother _____

● do one's best 최선을 다하다 ● so far 지금까지

낭·독·하·기 ☐☐☐☐☐ 암·송·하·기 ○○○○○

The movie has already started.
영화는 이미 시작했다.

Has the movie already started?
영화가 이미 시작했니?

106

우리말 뜻을 참고하여 영어로 표현하세요.

일치

❶ 수업들은 이미 시작했다.
The classes

❷ 영어 수업은 이미 시작했다.
The English class

❸ 콘서트는 이미 시작했다.
The concert

❹ 야구 경기는 이미 시작했다.
The baseball game

의문

❺ 수업들이 이미 시작했니?
the classes

❻ 야구 경기가 이미 시작했니?
the baseball game

❼ 콘서트가 이미 시작했니?
the concert

❽ 영어 수업이 이미 시작했니?
the English class

149

They have known each other.
그들은 서로 잘 알았다.

They haven't known each other.
그들은 서로 잘 몰랐다.

우리말 뜻을 참고하여 영어로 표현하세요.

① 제이슨과 나는 서로 잘 알았다.
Jason and I _____

② 그레이스와 나는 서로 잘 알았다.
Grace and I _____

③ 제이슨과 그레이스는 서로 잘 알았다.
Jason and Grace _____

④ 우리는 서로 잘 알았다.
We _____

⑤ 제이슨과 그레이스는 서로 잘 몰랐다.
Jason and Grace _____

⑥ 제이슨과 나는 서로 잘 몰랐다.
Jason and I _____

⑦ 우리는 서로 잘 몰랐다.
We _____

⑧ 그레이스와 나는 서로 잘 몰랐다.
Grace and I _____

● know-knew-known

They've known each other *since kindergarten*.
그들은 유치원 때부터 서로 잘 알았다.

Have they known each other *since kindergarten*?
그들은 유치원 때부터 서로 잘 알았니?

우리말 뜻을 참고하여 영어로 표현하세요.

① 그들은 여러 해 동안 서로 잘 알았다.
for years

② 그들은 오랫동안 서로 잘 알았다.
for a long time

③ 그들은 2014년부터 서로 잘 알았다.
since 2014

④ 그들은 3월부터 서로 잘 알았다.
since March

⑤ 그들은 여러 해 동안 서로 잘 알았니?
for years

⑥ 그들은 2014년부터 서로 잘 알았니?
since 2014

⑦ 그들은 3월부터 서로 잘 알았니?
since March

⑧ 그들은 오랫동안 서로 잘 알았니?
for a long time

● since ···이래로

109

They have found the answer.
그들은 정답을 알아냈다.

They have not found the answer.
그들은 정답을 알아내지 못했다.

우리말 뜻을 참고하여 영어로 표현하세요.

일치

① 나는 정답을 알아냈다.
I

② 그는 정답을 알아냈다.
He

③ 내 친구와 나는 정답을 알아냈다.
My friend and I

④ 제이슨은 정답을 알아냈다.
Jason

부정

⑤ 제이슨은 정답을 알아내지 못했다.
Jason

⑥ 내 친구와 나는 정답을 알아내지 못했다.
My friend and I

⑦ 나는 정답을 알아내지 못했다.
I

⑧ 그는 정답을 알아내지 못했다.
He

They've found the answer to *question 5*.
그들은 5번 문제의 정답을 알아냈다.

Have they found the answer to *question 5*?
그들은 5번 문제의 정답을 알아냈니?

우리말 뜻을 참고하여 영어로 표현하세요.

1 그들은 이 문제의 정답을 알아냈다.
this question

2 그들은 그 문제의 정답을 알아냈다.
that question

3 그들은 그 수학 문제의 정답을 알아냈다.
the math question

4 그들은 그 과학 문제의 정답을 알아냈다.
the science question

5 그들은 그 수학 문제의 정답을 알아냈니?
the math question

6 그들은 그 문제의 정답을 알아냈니?
that question

7 그들은 그 과학 문제의 정답을 알아냈니?
the science question

8 그들은 이 문제의 정답을 알아냈니?
this question

111

I have seen that movie.
나는 그 영화를 봤다.

I haven't seen that movie.
나는 그 영화를 안 봤다.

우리말 뜻을 참고하여 영어로 표현하세요.

일치

① 이안은 그 영화를 봤다.
Ian

② 내 친구들은 그 영화를 봤다.
My friends

③ 그녀는 그 영화를 봤다.
She

④ 우리는 그 영화를 봤다.
We

부정

⑤ 그녀는 그 영화를 안 봤다.
She

⑥ 내 친구들은 그 영화를 안 봤다.
My friends

⑦ 이안은 그 영화를 안 봤다.
Ian

⑧ 우리는 그 영화를 안 봤다.
We

She has seen that movie *many times*.
그녀는 그 영화를 여러 번 봤다.

Has she seen that movie *many times*?
그녀는 그 영화를 여러 번 봤니?

우리말 뜻을 참고하여 영어로 표현하세요.

① 그녀는 그 영화를 두 번 봤다.
  twice

② 그녀는 그 영화를 세 번 봤다.
  three times

③ 그녀는 그 영화를 다섯 번 봤다.
  five times

④ 그녀는 그 영화를 여러 번 봤다.
  several times

⑤ 그녀는 그 영화를 두 번 봤니?
  twice

⑥ 그녀는 그 영화를 여러 번 봤니?
  several times

⑦ 그녀는 그 영화를 세 번 봤니?
  three times

⑧ 그녀는 그 영화를 다섯 번 봤니?
  five times

※ many times 여러 번

The stapler has fallen off the desk.
스테이플러가 책상에서 떨어졌다.

The stapler hasn't fallen off the desk.
스테이플러가 책상에서 떨어지지 않았다.

우리말 뜻을 참고하여 영어로 표현하세요.

① 계산기가 책상에서 떨어졌다.
The calculator

② 가위가 책상에서 떨어졌다.
The scissors

③ 자가 책상에서 떨어졌다.
The ruler

④ 클립들이 책상에서 떨어졌다.
The paper clips

⑤ 가위가 책상에서 떨어지지 않았다.
The scissors

⑥ 계산기가 책상에서 떨어지지 않았다.
The calculator

⑦ 클립들이 책상에서 떨어지지 않았다.
The paper clips

⑧ 자가 책상에서 떨어지지 않았다.
The ruler

● fall off …에서 떨어지다

The ice has made the road slippery.
얼음이 길을 미끄럽게 만들었다.

Has the ice made the road slippery?
얼음이 길을 미끄럽게 만들었니?

우리말 뜻을 참고하여 영어로 표현하세요.

① 눈이 길을 미끄럽게 만들었다.
The snow

② 비가 길을 미끄럽게 만들었다.
The rain

③ 기름이 길을 미끄럽게 만들었다.
The oil

④ 페인트칠이 길을 미끄럽게 만들었다.
The paint

⑤ 페인트칠이 길을 미끄럽게 만들었니?
the paint

⑥ 눈이 길을 미끄럽게 만들었니?
the snow

⑦ 비가 길을 미끄럽게 만들었니?
the rain

⑧ 기름이 길을 미끄럽게 만들었니?
the oil

Review

101-114 그림을 보고 영어로 말해 보세요.

101

102

103

104

105

106

107

108

109

110	111	112

113	114

현재완료형과 현재완료진행형의 차이점을 알아봅시다.

일반적으로 현재완료시제는 말하는 순간에서 동작을 완전히 끝마친 것을 의미하고, 현재완료진행 시제는 동작이 현재까지 계속되고 있음을 나타냅니다.

She **has prepared** dinner. 그녀는 식사 준비를 했다.
식사 준비를 끝마침 (현재완료)

She **has been preparing** dinner. 그녀는 식사 준비를 하고 있다.
식사 준비가 지금도 진행되고 있음 (현재완료진행)

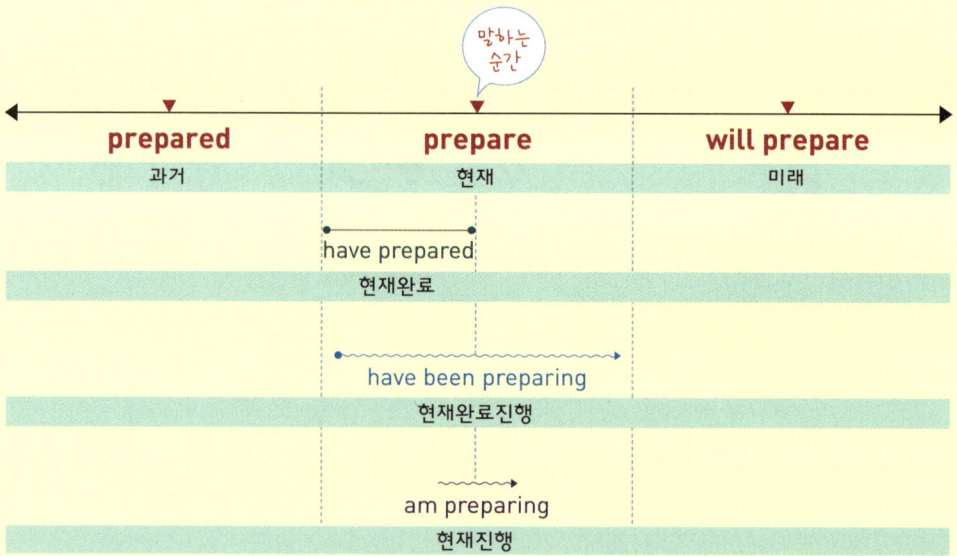

UNIT 09 현재완료진행형

시작　월　일　：
마침　월　일　：

☆ *He is looking for his wallet.* 그는 지갑을 찾고 있다. (지금)
He has been looking *for his wallet.*
그는 지갑을 찾고 있다. (잃어버린 후로 계속)

「have[has]+been+-ing」는 '과거 시점부터 지금까지 계속 …하고 있다'는 뜻입니다. 동작을 시작한 시점부터 지금까지 동작이 계속되고 있다는 의미입니다.

☆ *He **hasn't been looking** for his wallet.*
그는 지갑을 찾고 있지 않다.
Has he been looking *for his wallet*?
그는 지갑을 찾고 있니?

현재완료진행형의 부정문을 만들 때는 have[has] 다음에 not을 씁니다. 현재완료진행형의 의문문은 「Have[Has]+주어+been+-ing ~?」의 순서가 됩니다.

 been은 무엇인가요?
been은 be동사의 과거분사예요. 현재진행시제 「be+-ing」를 완료시제로 표현할 때 「have+been+-ing」가 됩니다.

115

He has been waiting here for over an hour.
그는 한 시간 이상 여기서 기다리고 있다.

Has he been waiting here for over an hour?
그는 한 시간 이상 여기서 기다리고 있니?

우리말 뜻을 참고하여 영어로 표현하세요.

일치

① 빌은 한 시간 이상 여기서 기다리고 있다.
Bill

② 그들은 한 시간 이상 여기서 기다리고 있다.
They

③ 그녀는 한 시간 이상 여기서 기다리고 있다.
She

④ 그의 형은 한 시간 이상 여기서 기다리고 있다.
His brother

의문

⑤ 그의 형은 한 시간 이상 여기서 기다리고 있니?
his brother

⑥ 그녀는 한 시간 이상 여기서 기다리고 있니?
she

⑦ 그들은 한 시간 이상 여기서 기다리고 있니?
they

⑧ 빌은 한 시간 이상 여기서 기다리고 있니?
Bill

※ over+시간 …시간 이상

낭·독·하·기 ☐☐☐☐☐ 암·송·하·기 ○○○○○

I've been feeling *tired* lately.
나는 최근에 피곤함을 느낀다.

I haven't been feeling *tired* lately.
나는 최근에 피곤함을 느끼지 않는다.

우리말 뜻을 참고하여 영어로 표현하세요.

❶ 나는 최근에 어지러움을 느낀다.
dizzy

❷ 나는 최근에 잠이 자꾸 온다.
sleepy

❸ 나는 최근에 스트레스가 쌓인다.
stressed

❹ 나는 최근에 몸 컨디션이 좋다.
well

⑤ 나는 최근에 잠이 자꾸 오지 않는다.
sleepy

⑥ 나는 최근에 어지러움을 느끼지 않는다.
dizzy

⑦ 나는 최근에 몸 컨디션이 좋지 않다.
well

⑧ 나는 최근에 스트레스가 쌓이지 않는다.
stressed

● lately 요즘에, 최근에

117

She has been dating him.
그녀는 그와 데이트를 하고 있다.

She has not been dating him.
그녀는 그와 데이트를 하고 있지 않다.

우리말 뜻을 참고하여 영어로 표현하세요.

일치

① 제니퍼는 그와 데이트를 하고 있다.
Jennifer

② 내 친구는 그와 데이트를 하고 있다.
My friend

③ 그녀의 사촌은 그와 데이트를 하고 있다.
Her cousin

④ 우리 언니는 그와 데이트를 하고 있다.
My sister

부정

⑤ 우리 언니는 그와 데이트를 하고 있지 않다.
My sister

⑥ 제니퍼는 그와 데이트를 하고 있지 않다.
Jennifer

⑦ 내 친구는 그와 데이트를 하고 있지 않다.
My friend

⑧ 그녀의 사촌은 그와 데이트를 하고 있지 않다.
Her cousin

She's been dating him since *last Christmas*.
그녀는 작년 크리스마스부터 그와 데이트를 하고 있다.

Has she been dating him since *last Christmas*?
그녀는 작년 크리스마스부터 그와 데이트를 하고 있니?

우리말 뜻을 참고하여 영어로 표현하세요.

① 그녀는 작년부터 그와 데이트를 하고 있다.
last year

② 그녀는 지난달부터 그와 데이트를 하고 있다.
last month

③ 그녀는 2월부터 그와 데이트를 하고 있다.
February

④ 그녀는 2015년 2월부터 그와 데이트를 하고 있다.
February 2015

⑤ 그녀는 2월부터 그와 데이트를 하고 있니?
February

⑥ 그녀는 작년부터 그와 데이트를 하고 있니?
last year

⑦ 그녀는 2015년 2월부터 그와 데이트를 하고 있니?
February 2015

⑧ 그녀는 지난달부터 그와 데이트를 하고 있니?
last month

They have been chatting.
그들은 채팅을 하고 있다.

They haven't been chatting.
그들은 채팅을 하고 있지 않다.

우리말 뜻을 참고하여 영어로 표현하세요.

1 내 친구와 나는 채팅을 하고 있다.
My friend and I

2 내 친구들은 채팅을 하고 있다.
My friends

3 마이클과 나는 채팅을 하고 있다.
Michael and I

4 우리는 채팅을 하고 있다.
We

5 마이클과 나는 채팅을 하고 있지 않다.
Michael and I

6 우리는 채팅을 하고 있지 않다.
We

7 내 친구들은 채팅을 하고 있지 않다.
My friends

8 내 친구와 나는 채팅을 하고 있지 않다.
My friend and I

They've been chatting *on their phones*.
그들은 휴대전화로 채팅을 하고 있다.

Have they been chatting *on their phones*?
그들은 휴대전화로 채팅을 하고 있니?

우리말 뜻을 참고하여 영어로 표현하세요.

① 그들은 인터넷에서 채팅을 하고 있다.
on the Internet

② 그들은 페이스북에서 채팅을 하고 있다.
on Facebook

③ 그들은 트위터에서 채팅을 하고 있다.
on Twitter

④ 그들은 온라인에서 채팅을 하고 있다.
online

⑤ 그들은 페이스북에서 채팅을 하고 있니?
on Facebook

⑥ 그들은 인터넷에서 채팅을 하고 있니?
on the Internet

⑦ 그들은 온라인에서 채팅을 하고 있니?
online

⑧ 그들은 트위터에서 채팅을 하고 있니?
on Twitter

Review

115-120 그림을 보고 영어로 말해 보세요.

불규칙 동사표

원형	과거	과거분사
become ~이 되다	became	become
begin 시작하다	began	begun
break 깨뜨리다, 깨다	broke	broken
buy 사다	bought	bought
come 오다	came	come
choose 고르다, 선택하다	chose	chosen
cut 자르다	cut	cut
do ~하다	did	done
draw 그리다	drew	drawn
eat 먹다	ate	eaten
fall 넘어지다, 떨어지다	fell	fallen
feed 먹이를 주다	fed	fed
feel 느끼다	felt	felt
find 발견하다, 찾다	found	found
fly 날다	flew	flown
forget 잊다	forgot	forgotten
get 얻다	got	gotten
give 주다	gave	given
go 가다	went	gone
grow 자라다	grew	grown
have 가지다	had	had
hear 듣다	heard	heard
hide 숨다	hid	hidden

원형	과거	과거분사
keep 유지하다	kept	kept
know 알다	knew	known
let ~하게 하다, 시키다	let	let
lose 잃다, 잃어버리다	lost	lost
make 만들다	made	made
meet 만나다	met	met
read[riːd] 읽다	read[red]	read[red]
ride 타다	rode	ridden
run 달리다	ran	run
say 말하다	said	said
send 보내다	sent	sent
sing 노래하다	sang	sung
sleep 잠을 자다	slept	slept
spend (돈·시간 등)을 쓰다	spent	spent
swim 수영을 하다	swam	swum
take 잡다; 찍다	took	taken
teach 가르치다	taught	taught
throw 던지다, 버리다	threw	thrown
understand 이해하다	understood	understood
wake 깨어나다	woke	woken
wear 입다	wore	worn
win 이기다	won	won
write 쓰다	wrote	written